SŒUR
CATHERINE LABOURÉ

ET LA

MÉDAILLE MIRACULEUSE

PAR

JOSEPH BOUGARD

TOURS

MAISON ALFRED MAME ET FILS

SŒUR

CATHERINE LABOURÉ

8ᵉ SÉRIE IN-12

SŒUR
CATHERINE LABOURÉ

ET LA

MÉDAILLE MIRACULEUSE

PAR

JOSEPH BOUCARD

TOURS

MAISON ALFRED MAME ET FILS

SŒUR
CATHERINE LABOURÉ

ET LA

MÉDAILLE MIRACULEUSE

———————

I

Peuple de Dieu. — De la nouvelle loi.

Nous avons pris un plaisir extrême à écrire ce livre, et nous sommes heureux de le publier, parce que ce nous est un moyen spécialement favorable de témoigner hautement aux vénérables Filles de la Charité et notre respectueuse sympathie et notre admiration sans bornes.

C'est également avec grande joie que nous faisons connaître, dans la mesure de nos faibles moyens, le grand honneur que la Reine du ciel a fait aux Filles de Saint-Vincent en s'adressant à la plus humble d'entre elles, précisément dans la chapelle de la maison mère de la rue du Bac, pour faire savoir au monde entier, et spécialement à la France, ce qu'elle désirait de ses enfants.

Non seulement ce n'est pas, comme on pourrait peut-être le croire, ce que l'on appelle en littérature un hors-d'œuvre, mais même c'est entrer par la grande porte dans notre sujet que de montrer, en retraçant les grandes lignes de notre histoire nationale, que nous sommes, en France, les privilégiés de Dieu et de la sainte Vierge.

Sans doute cette idée n'est pas nouvelle; d'autres l'ont développée plus éloquemment que nous ne saurions le faire; mais il est opportun, et nous espérons qu'il sera profitable de la rappeler à la mémoire de nos lecteurs qui peuvent l'avoir oubliée.

« Tout Français est un citoyen privilégié, » écrit un auteur que nous lisions ces jours-ci.

L'exactitude de cette vérité est très facile à prouver. Si nous voulons nous donner la peine de réfléchir, nous verrons que, nous, Français, nous sommes par excellence et incontestablement le vrai peuple de Dieu de la nouvelle loi, comme les Hébreux furent le peuple de Dieu de l'ancienne.

Depuis le jour où, à la prière de Clotilde, nous avons été, dans la personne de Clovis, notre roi, marqués du sceau du chrétien par l'évêque saint Remy, Dieu n'a cessé et ne cesse encore pas de veiller ostensiblement sur nous et de nous témoigner sa sollicitude paternelle en nous secourant dans les dangers, en nous comblant de ses bienfaits, et même en nous châtiant quand nous le méritons.

De toutes les nations qui ont une page, petite ou grande, dans les annales de l'humanité, la France est la seule dont l'histoire soit une suite ininterrompue, un tissu de faits merveilleux et de prodiges surnaturels. On dirait vraiment que Dieu prend plaisir à nous tenir par la main, comme un père son enfant, et à nous conduire lui-même dans notre marche à travers les siècles.

Oui, peuple de Dieu de la nouvelle loi, notre histoire, à nous, Français, est le reflet, mais en plus beau, de celle du peuple de Dieu de l'ancienne.

Notre David s'appelle Charlemagne [1], Charle-

----

[1] Ce rapprochement du nom de Charlemagne de celui de David qui nous est venu tout naturellement à l'esprit,

magne qui, couvert de lauriers, rehaussait dans son esprit l'éclat de ses victoires en se plaçant au lutrin pour chanter les louanges de Dieu, comme David les chanta en des psaumes admirables.

Nous avons aussi notre Salomon, qui s'appelle Louis XIV.

De combien notre Jeanne d'Arc, notre Jeanne Hachette et notre sainte Geneviève, que Dieu a choisies parmi les plus humbles, pour sauver son peuple, ne dépassent-elles pas Judith, l'opulente veuve des Hébreux ?

Si nous parcourons l'histoire universelle, que

est d'autant plus exact que, sans nous en douter, nous avons eu la même idée que Charlemagne lui-même.

En effet, en jetant un regard très rapide sur le majestueux panorama de ce règne merveilleux pour rappeler à notre mémoire les lignes principales de cette grande épopée, nous avons été frappé par le détail suivant de la vie de ce grand roi de France, empereur d'Occident.

Alcuin, la plus vaste intelligence de cette époque, était, suivant l'heureuse expression de Guizot, « le premier ministre intellectuel du royaume de France ». Il créa la célèbre École du palais, où il enseigna les lettres, les sciences, la philosophie et la théologie. Charlemagne et les personnages de sa cour suivaient assidûment ses leçons. Cette école amena la fondation d'une espèce d'Académie dont les membres portaient des noms empruntés à l'histoire sacrée ou profane : le roi s'appelait David; Alcuin, Flaccus; Théodulfe, Pindare, etc.

voyons-nous ? Des nations qui succombent sous les coups de leurs vainqueurs, quelques-unes qui disparaissent comme la Pologne, et on peut dire aussi la Hongrie, d'autres enfin qui tombent dans un état de faiblesse si profond, que l'on s'attend presque à chaque instant à entendre le glas de leur mort.

Grâces soient rendues à Dieu, il n'en est pas ainsi de nous.

Comme tous les peuples, c'est vrai, nous subissons les vicissitudes de la fortune, nous avons nos triomphes, nous avons nos revers ; mais, il faut le reconnaître pour l'en remercier, Dieu nous a toujours protégés ; il nous a puissamment et visiblement aidés à nous relever de nos infortunes et à réparer nos ruines.

Ouvrons le livre de notre histoire ; nous y lirons que :

Nous avons eu à soutenir une guerre terrible et unique au monde, une guerre qui a duré cent ans, tout un long siècle. Nous avons failli être écrasés par les Anglais ; notre roi était fou, nos généraux étaient désarçonnés, nos bataillons, n'ayant plus de chefs pour les conduire aux combats, étaient en débandade ; tout semblait perdu, même l'honneur. Dieu, pour rendre sa protection plus éclatante, nous envoie, non pas un guerrier qu'il a fait sortir de terre tout armé de pied en cap; il nous envoie une femme obscure, une toute jeune bergère, presque encore une enfant, à laquelle il a donné le courage, la force du lion et le génie des plus grands capitaines. Jeanne d'Arc chasse les Anglais, fait sacrer Charles VII à Reims et sauve le beau pays de France.

Est-il un autre peuple qui puisse enregistrer des faits aussi merveilleux dans ses annales?

Qui de nous a pu oublier 1870, l'année terrible, comme l'a dénommée un grand poète?

Ce fut un spectacle inoubliable.

La France gisait presque expirante au milieu des ruines amoncelées par la guerre la plus meurtrière qu'on puisse imaginer : elle pousse vers Dieu un immense cri de détresse.

En assemblée nationale elle fait vœu d'élever au sacré Cœur de Jésus un temple somptueux sur la montagne des Martyrs.

Dieu écoute la voix de son peuple qui l'implore, et alors, ô merveille! en moins d'un quart de siècle :

La France paye sa rançon, qui s'élève à la somme énorme de cinq milliards;

Elle répare les dégâts de la guerre, elle relève

ses ruines, ce qui se chiffre encore par plus de cinq milliards ;

Elle refait ses approvisionnements, elle reconstruit ses arsenaux et perfectionne ses armements militaires, ce qui lui coûte encore un nombre considérable de millions.

Est-ce que tout cela ne dépasse pas, et de beaucoup, les forces naturelles de la nation la plus vigoureuse ?

Peut-on concevoir des résultats aussi gigantesques sans l'intervention d'une puissance surhumaine ?

Hâtons-nous de le répéter :

Nous sommes le peuple de Dieu de la nouvelle loi.

Comme Joad, dans la tragédie d'Athalie, nous pouvons dire :

Et quel temps fut jamais si fertile en miracles ?

En effet, malgré ses défaillances, ses convulsions diaboliques, malgré les horribles blasphèmes qu'il jette, par intervalles, à la face de Dieu, on peut dire que le xixe siècle est particulièrement le siècle des miracles.

Et il nous semble que ce n'est pas se tromper que de croire encore que ces cris de fureur sortis de l'enfer ne sont que des cris de rage de nous voir ainsi favorisés de Dieu.

Si c'est avec juste raison que l'on donne le titre de *siècle du sacré Cœur* à celui qui vit apparaître le cœur de Jésus dans les jardins de la Visitation de Paray-le-Monial, avec tout autant de raison, du XIXe, qui a un pied dans la tombe au moment où nous écrivons ces pages, on peut dire qu'il est le *siècle de Marie, Mère de Dieu.*

Il est à constater qu'à aucune époque autre que celle-ci, la France n'a reçu de la sainte Vierge autant de marques éclatantes de sa bonté, de sa sollicitude et de son amour maternel. On dirait qu'elle s'évertue à nous dédommager du retard qu'elle a mis à nous faire savoir, après un silence de deux siècles, qu'elle a accueilli avec faveur la consécration de son royaume de France que lui fit le roi Louis XIII.

Depuis qu'elle a apparu pour la première fois, au mois de juillet 1830, à sœur Catherine Labouré dans la chapelle de la maison mère des Filles de la Charité de la rue du Bac, la sainte Vierge semble prendre plaisir à venir et à se montrer au milieu de nous : La Salette, Lourdes, Pontmain sont favorisés de ses apparitions ; elle y répand avec prodigalité ses grâces, et elle ne limite pas ses faveurs à ces trois sanctuaires. Elle accorde encore d'innombrables bienfaits à ceux qui vont spécialement l'invoquer au pied de ces autels où elle se plaît particulièrement, tels que Notre-Dame-des-Victoires à Paris, Notre-Dame de Fourvière à Lyon, Notre-Dame-de-la-Garde à Marseille.

Voilà ce que la sainte Vierge a fait pour nous en ce siècle si agité, si tourmenté par les révolutions, les passions humaines et les furieuses colères de l'esprit infernal.

Ce n'est pas tout; cette Mère admirable sent que son cœur n'est pas encore satisfait. Pour se rendre, semble-t-il, accessible au plus grand nombre et comme pour se mettre à la portée de tous, jusque dans les régions les plus inaccessibles de son royaume de France, cette Mère si bonne a désigné son sanctuaire, où elle écoute et reçoit spécialement les prières de ses enfants :

En Auvergne, Notre-Dame-du-Port, Notre-Dame d'Orcival, Notre-Dame de Vassivières, etc.; dans le Quercy, Notre-Dame de Roc-Amadour; dans le Berry, Notre-Dame d'Issoudun. Et nous ne mentionnons que ceux qui se présentent en ce moment à notre mémoire.

Par cet aperçu rapide des bienfaits que Dieu et

sa divine Mère nous prodiguent, nous devons voir que nous sommes le peuple de prédilection.

Ce bon et excellent Père sait, parce qu'il le veut ainsi, que la voie qui nous mène à lui est pleine de sacrifices et de souffrances, et alors, pour nous soulager et nous consoler, il fait plus pour nous qu'il n'a fait pour son divin Fils lui-même, qui eut aussi sa voie douloureuse à parcourir.

En effet :

Lorsque Jésus monta sur le Calvaire, Dieu lui envoya,... non pas même un ange, mais un homme, un simple artisan, pour l'aider à porter sa croix.

Et pour essuyer son visage divin, couvert de sueur et de sang, il ne permit pas même que ce fût sa sainte Mère, il se contenta de lui envoyer une simple femme du peuple..

Nous, au contraire, Français et chrétiens, nous sommes plus favorisés. Quand nous succombons sous le poids de nos croix, c'est Dieu lui-même qui vient nous soulager, et il nous donne sa divine Mère elle-même pour nous consoler et panser nos plaies.

N'est-elle pas admirable la religion du Christ ? Elle exige de nous que nous souffrions pour Dieu, et c'est Dieu lui-même qui vient nous aider à supporter nos souffrances, c'est lui-même qui vient nous soulager, nous consoler pour nous donner une preuve de son amour.

Soyons donc fiers d'être chrétiens, soyons également fiers d'être Français; car, à ce double titre, nous sommes les enfants de Dieu de la nouvelle loi.

II

Devons-nous croire aux miracles?

Nous n'avons pas l'intention de traiter *ex professo,* c'est-à-dire doctoralement, cette grave et importante question des miracles. Dans le présent ouvrage, qui est exclusivement une œuvre d'édification, nous n'avons aucune prétention à la science. De plus, nous estimons qu'une étude approfondie sur les miracles n'intéresserait pas les lecteurs auxquels ce livre est destiné.

Très modestement nous nous contenterons de répondre avec le simple bon sens et la raison la plus élémentaire aux objections vulgaires et même *populacières* que l'on entend formuler en un idiome particulier dans les lieux où se réunit la populace.

La première question qui se présente à l'esprit est celle-ci :

Les miracles sont-ils possibles ?

Nous n'allons pas donner nous-même la réponse ; nous cédons la parole à Jean-Jacques Rousseau. Certes, le citoyen de Genève ne peut pas être suspect en l'espèce ; par conséquent son affirmation n'en aura que plus d'autorité et de valeur.

Voilà ce qu'il dit dans une de ses lettres :

« Dieu peut-il faire des miracles, c'est-à-dire déroger aux lois qu'il a établies ? Cette question, sérieusement traitée, serait impie si elle n'était absurde. Ce serait faire trop d'honneur à celui qui la résoudrait négativement de le punir, il suffirait de l'enfermer ; mais aussi quel homme a jamais nié que Dieu pût faire des miracles ? »

Incontestablement donc les miracles sont possibles.

La seconde question qui se pose ensuite est celle-ci :

Faut-il croire aux miracles ?

La réponse est forcée : Puisque le miracle est possible, il serait absurde de ne pas y croire.

Toutefois il faut être circonspect et surtout très éclectique ; nous ne devons admettre les miracles qu'avec beaucoup de discernement.

Voilà ce que Diderot a écrit à ce sujet. Nous

mettons son témoignage sous les yeux de nos lecteurs parce que certainement, pas plus que Rousseau, le trop célèbre philosophe du XVIIIe siècle
ne peut être soupçonné de ce qu'on appelle aujour-
d'hui « le cléricalisme ».

Voici donc ce qu'il a écrit sur le miracle dans
sa fameuse *Encyclopédie :*

« Il y a sur cette matière (des miracles) deux
excès très fréquents à éviter : l'un est l'aveugle
crédulité, qui voit dans tout du prodige, et qui
veut faire servir l'autorité des *vrais miracles*
de preuve de la vérité de *tous les miracles* indis-
tinctement, sans penser que par cette voie l'on
n'établit point la réalité de ceux-ci et qu'on énerve
la force des autres. Une disposition encore plus
dangereuse, est celle des personnes qui cherchent
à renverser toute l'autorité *des miracles*, et qui
pensent qu'il n'est point convenable à la sagesse
de Dieu d'établir des lois qu'il serait si souvent
obligé de suspendre. En vain ils allèguent les
faux miracles en preuve contre les véritables.
Il faut ou s'aveugler et tomber dans le pyrrho-
nisme historique le plus outré, ou convenir qu'il
y en a eu de cette dernière espèce, et même en
assez grand nombre, pour prouver que, dans des
occasions extraordinaires, Dieu a jugé cette voix

nécessaire pour annoncer aux hommes ses volontés et manifester sa puissance. L'Église même, en exigeant notre soumission sur les faits bien avérés, nous donne par sa propre conduite l'exemple de ne pas admettre sans examen tous les faits qui tiennent du prodige, et nous pouvons croire comme elle que Dieu ne les opère pas sans nécessité et sans utilité. »

Nous avons donc à nous tenir en garde contre les illusions de nos sens.

Et nous devons nous méfier grandement des surprises et des supercheries du démon; car l'esprit malin revêt toutes les formes, et emploie tous les moyens — il a un génie surhumain d'invention — pour arriver à nous tromper.

Chose à constater très fréquemment, c'est que, si Dieu se manifeste à nous de quelque manière, miracle ou autre, presque immédiatement, pour nous dérouter, le diable arrive et fait la contre-partie avec à peu près les mêmes apparences.

Nous trouvons une preuve frappante de cette vérité dans la vie de Jeanne d'Arc.

Voici ce que nous lisons dans l'*Histoire de France* de Mézeray (nous respectons et le style et l'orthographe) :

« Quoy que Jeanne d'Arc eût esté exécutée en

présence de dix mille personnes, et que toute la France le crût ainsi, néanmoins, quelque temps après, il parut en Lorraine une fille guerrière et forte, adroite aux armes, qui soutenoit qu'elle estoit ceste Pucelle. On en fut tellement persuadé en ce temps-là, qu'elle fut traitée avec beaucoup d'honneur et qu'elle s'y maria dans une maison noble. On dit que sa postérité dure encore aujourd'hui. »

Vous le voyez, le démon a toutes les audaces pour nous tromper.

Voyez-le autour de nous.

Il nous montre les tables tournantes et parlantes; il nous embobine avec le spiritisme, il nous embrouille avec le magnétisme et, dans les grandes circonstances, il nous expédie ses charlatans, devins et faux prophètes, et enfin il abuse les faibles d'esprit en leur farcissant la cervelle de lutins, de revenants et de loups-garous.

Voilà sur quoi nous devons être méfiants. Nous ne saurions, là-dessus, être trop vigilants.

Pour reconnaître le vrai miracle, il faut examiner les circonstances qui l'accompagnent.

Les vrais miracles procèdent toujours de Dieu. Ils se manifestent par trois moyens différents :

Les uns sont opérés directement par Dieu.

D'autres sont obtenus de Dieu par l'intervention d'un thaumaturge;

Et enfin les troisièmes par le contact d'un objet consacré ou tout au moins bénit.

Ils ont tous le même but final : la glorification du nom de Dieu, la charité et le salut des âmes.

Ainsi, par exemple, les miracles que nous allons raconter dans le présent livre ont été obtenus par le contact de la *Médaille miraculeuse*.

Ne devons-nous croire exclusivement qu'aux miracles approuvés et reconnus par l'Église?

L'approbation de l'Église n'est pas rigoureusement indispensable. Néanmoins, par prudence et pour notre sécurité complète, lorsqu'un fait extranaturel se produira, nous ferons bien de n'y croire, comme miracle, que sous condition et avec l'intention de soumettre notre croyance aux décisions de l'Église qui pourraient intervenir par la suite. Croire à un pseudo-miracle ne cause de préjudice à personne; cela n'a qu'un inconvénient, c'est de faire rire de nous le diable qui nous a trompés, et c'est aussi l'encourager à recommencer. Nous devons nous mettre en mesure et prendre toutes nos précautions pour ne pas lui donner cette satisfaction.

Les miracles exaspèrent particulièrement le

prince des démons; aussi lorsqu'il s'en produit un, développe-t-il toute son activité pour en détruire les heureux effets spirituels. Il expédie ses savants, qui nient d'ores et déjà le surnaturel du fait, au moyen de prétendus arguments, faux très souvent, ou de preuves prétendues scientifiques, très subtiles pour plusieurs et inintelligibles pour tous; et, par ce moyen, il jette le doute d'abord dans les meilleurs esprits et détruit le peu de foi qui reste à quelques-uns.

Voilà pour les esprits éclairés.

Quant au commun des mortels, pour les soustraire à l'action bienfaisante d'un miracle, il a à son service une armée nombreuse de francs-maçons, de libres penseurs, de propagateurs d'athéisme, de loustics, de bouffons, qui déversent à flots le ridicule, le sarcasme, l'ironie, la plaisanterie presque toujours ordurière sur le miracle. Ces messagers de l'enfer opèrent dans les lieux publics plus ou moins immoraux : cafés, estaminets, mastroquets, bars, brasseries, etc.

Et enfin, pour compléter son œuvre de destruction et de démoralisation, ceux que la science n'a pas touchés, ceux qui ne vont pas se perdre dans les lieux de débauche, ceux qui vivent de la vie de famille, en bons chrétiens, et comme des gens honnêtes, l'esprit malin trouve quand même un moyen de les atteindre et de tenter sur eux une mauvaise action. Il trouble leur esprit par des objections spécieuses, par des doutes terribles; il leur met dans les mains un livre, une brochure, et, comme le mal trouve crédit plus rapidement que le bien, il arrive quelquefois au résultat qu'il veut atteindre. Et le miracle a perdu par ces manœuvres son efficacité bienfaisante.

Voilà les pièges que nous tend le démon, voilà les dangers sérieux auxquels nous sommes exposés.

Pour y échapper, nous n'avons qu'un seul moyen : rejeter le plus énergiquement que nous pouvons ces mauvaises pensées de notre esprit, et nous retrancher comme dans une forteresse dans le raisonnement suivant :

Le pape croit et déclare que tel fait est réellement un miracle; les cardinaux, les docteurs de l'Église y croient. Si je me compare à ces grandes intelligences, qu'est-ce que je suis ? Un pygmée, un avorton ! Qu'est-ce que je risque à croire comme eux à ce qu'ils croient ? Rien !

Dans les choses de Dieu et de la foi le pape est infaillible, donc il ne peut ni se tromper ni me tromper, et alors je crois ce qu'il me dit, je crois sans examen, sans discussion.

Si j'ouvre à deux battants les portes de mon esprit à toutes les réflexions qu'il plaira au démon de m'envoyer, ma pauvre cervelle humaine ne sera bientôt plus qu'une affreuse fourmilière, et j'y perdrai jusqu'à la faible raison que le bon Dieu m'a donnée.

A supposer même que je sois dans l'erreur, en tout cas j'y serai en bonne compagnie.

Vous qui nous lisez, savez-vous le nom de cette foi si simple et naïve qui nous fait croire sans discussion tout ce que l'Église enseigne ? Elle s'appelle vulgairement *la foi du charbonnier*.

Croyez-nous, c'est encore la meilleure.

III

Zoé Labouré à la maison paternelle.

Zoé Labouré naquit le 2 mai 1806, à Fains-les-Moutiers, petit village ou hameau faisant partie de la paroisse de Moutiers-Saint-Jean, département de la Côte-d'Or. Son père et sa mère étaient des cultivateurs aisés, vivant honorablement de leurs travaux. Dieu répandit sur ces époux sincèrement chrétiens d'abondantes bénédictions, puisqu'il leur accorda dix enfants : sept garçons et trois filles.

Zoé était la seconde des trois sœurs. Chose qui se voit rarement : des sept garçons qui étaient les aînés de cette intéressante famille, aucun ne resta pour aider le père à cultiver le bien patrimonial, tous se dispersèrent. Il ne resta au toit paternel que les trois filles, et encore ne fût-ce que pour quelque temps, comme il va être dit.

Elles étaient du reste trop jeunes pour prendre la volée comme leurs frères.

Ce fut très heureux pour le père Labouré, car il eut la douleur de perdre sa femme très prématurément. Lorsque Dieu appela à lui Mme Labouré, à peine Zoé, la cadette des trois filles, avait-elle huit ans, alors que sa jeune sœur en avait tout au plus quatre ou cinq, et c'était une jeune fille de quatorze ans qui se trouvait appelée à diriger ce ménage et à faire la maman auprès de ses sœurs.

Il fallait voir cet intérieur de travailleurs des champs.

Le père, sans se départir de sa gravité habituelle, s'entretenait avec ses filles des intérêts de la maison, il leur exposait ses projets, ses combinaisons.

Malgré leur âge si tendre, toutes trois l'écoutaient avec un sérieux qui ne se démentait pas. Elles le comprenaient parfaitement, elles appréciaient ce qu'il leur disait, et elles y prenaient un grand intérêt, tout aussi bien que si elles eussent eu l'âge mûr. Souvent même elles raisonnaient, discutaient, objectaient respectueusement et soumettaient leurs manières de voir, que le père avait fréquemment l'occasion d'approuver.

La sœur aînée désirait ardemment entrer au plus tôt dans la congrégation des Filles de la Charité. Cependant elle comprenait que pendant quelque temps encore elle devait remplacer la mère absente auprès de ses sœurs et de son père.

Voyant que Zoé, par sa vigueur physique, son activité au travail et le sérieux de son caractère, pourrait la suppléer de très bonne heure, elle s'appliqua à la dresser aux soins du ménage et aux travaux de l'intérieur de la maison.

La jeune élève correspondit amplement aux désirs de sa sœur, et très facilement se pénétra des enseignements de son professeur; on ne fut même pas éloigné de dire que l'élève dépassa la maîtresse.

Presque immédiatement après sa première communion, c'est-à-dire à l'âge de douze ans, la jeune Zoé fut à même de remplacer sa sœur. Plus grande et plus forte que ne le sont d'ordinaire les filles de son âge, elle paraissait avoir de quinze à dix-huit ans.

Donc, complètement rassurée et n'ayant plus de préoccupation sur l'avenir de la maison, la fille aînée put, en toute sécurité, demander à son père l'autorisation de suivre sa vocation.

Quelque peine qu'il en éprouva au premier

moment, le père Labouré, qui était un bon chrétien, ne voulut point s'opposer aux desseins de
Dieu sur ses enfants; il donna à sa fille aînée
l'autorisation qu'elle demandait.

Voilà donc la toute jeune Zoé grande directrice
de la maison paternelle.

C'était un plaisir de voir cette enfant de douze
ans faire avec un tact parfait la *petite* maman
auprès de sa *petite* sœur et diriger le ménage avec
une aisance et surtout une assurance impertur-
bable. Son père lui avait bien adjoint une fille de
ferme, qui faisait l'ouvrage le plus pénible; mais
quand elle trouvait que cela n'allait pas assez vite
à son gré, vaillamment et hardiment elle mettait,
comme on dit, la main à la pâte.

Nos lecteurs, en voyant pareille précocité chez
une jeune fille de cet âge, s'en étonneront peut-
être au point de se demander si nous n'avanta-
geons pas un peu le portrait.

Nous répondrons que les jeunes filles ainsi particulièrement bien douées ne sont pas rares dans
les familles de cultivateurs. Ceux qui connaissent
la manière d'être des gens de la campagne et leur
caractère ne s'en étonneront pas et se l'explique-
ront même très bien.

Quand, le corps brisé par les rudes travaux de

la journée, le paysan rentre chez lui, le soir, il n'a pas de meilleur repos, tout en prenant son dernier repas du jour, que de causer sérieusement en famille de ce qu'il y aura à faire le lendemain, de communiquer ses craintes, si le ciel menace d'être inclément, ou de dire ses espérances si les récoltes s'annoncent bien.

La femme a, elle aussi, sa petite exploitation qui la préoccupe. Il faut qu'elle fasse valoir la basse-cour, quelquefois très peuplée, le colombier, le potager, la laiterie, etc. Elle n'est pas sans ouvrage. Elle a aussi ses craintes et ses espérances. Elle en fait part à son mari; les enfants entendent tout cela...

Les enfants !

Un philosophe dans le bon sens du mot, c'est-à-dire un vrai sage, nous dit :

« L'enfant est une éponge. Il ne bouge pas, il ne semble pas s'occuper de ce qui se dit, il a l'air de ne rien entendre, mais il s'imbibe quand même de tout ce qui se passe et de tout ce qui se dit autour de lui. »

Les parents n'ont pas le goût et encore moins l'occasion de se livrer aux plaisirs frivoles et dissolvants des villes sous prétexte de se reposer; de plus, ils ne disent jamais entre eux que des choses sérieuses, il est facile de concevoir, dès lors, que les enfants qui vivent dans un semblable milieu soient imbibés de ce sérieux, de cette vie rurale et des multiples détails qui la composent, presque au point d'en être saturés. Et alors on pourrait peut-être dire que c'est un soulagement pour eux d'avoir la possibilité d'en exprimer le trop-plein au plus tôt en s'adonnant et en participant aux travaux des champs avec un vaillant entrain dès qu'ils peuvent marcher seuls et manier un instrument de culture.

Nous l'avons dit, c'était un vrai plaisir de voir la jeune Zoé papillonner, alerte et proprette, dans la maison et autour de la ferme, faire la cuisine, éplucher les légumes, balayer, préparer la nourriture des animaux, les soigner dans leurs étables, aller dans les champs porter le dîner et les *quatre heures* aux travailleurs.

Mais où il était surtout joli, très joli de la voir, c'était au colombier. Le colombier de M. Labouré était renommé dans la région à cause de son importance et de la quantité considérable de pigeons qui l'habitaient. Placé tout près des bâtiments d'exploitation et se voyant de très loin, on aurait dit le clocher d'une petite paroisse. Quand la jeune Zoé y entrait, le tablier plein de grains

destinés à leur nourriture, les ramiers, d'ordinaire si sauvages, se mettaient à l'entourer tout
en roucoulant, comme pour lui témoigner leur
joie de la voir et pour lui faire comprendre qu'ils
l'aimaient; ils voltigeaient autour de sa tête, for-
mant comme une couronne; ils se posaient sur
ses épaules; elle leur parlait, elle les appelait, ils
semblaient la comprendre et, dans l'élan de leur
amour, ils la becquetaient tendrement. Et Zoé se
laissait faire, elle aimait ces petites bêtes du bon
Dieu.

C'était un spectacle qui aurait certainement ins-
piré le pinceau d'un peintre qui en eût été le témoin.

Zoé Labouré n'avait pas le caractère enjoué;
très rarement même le sourire venait épanouir
son visage de jeune fille. Malgré cela elle était
d'humeur très égale, travaillait aussi activement,
mais jamais plus un jour que l'autre, et on voyait
que ces travaux ne lui déplaisaient pas, au contraire.

Comme à peu de distance de la maison il y avait
une petite communauté de Filles de la Charité,
elle se plaisait à y aller souvent. La supérieure,
qui l'aimait et surtout l'estimait beaucoup, lui
faisait toujours un très aimable accueil; elle l'en-
courageait dans son travail.

La jeune paysanne était pieuse; l'activité qu'elle déployait quotidiennement et les soins incessants qu'elle donnait au ménage ne l'empêchaient pas de pratiquer ses dévotions.

A l'église, toujours à genoux sur les dalles, on la voyait très recueillie et dans l'attitude d'une profonde adoration. Tous ceux qui la voyaient en étaient édifiés.

A la maison, elle jeûnait tous les vendredis et samedis sans ostentation, tout simplement; personne ne s'en doutait, pas même son père.

Sa sœur, plus jeune qu'elle de deux ans, l'aidait dans la mesure de ses forces; comme elle et avec la même activité, car elle jouissait d'un excellent tempérament, elle s'adonnait aux travaux de la maison.

Quand l'une et l'autre se sentirent assez fortes pour suffire à tout, elles congédièrent la fille de peine.

Le père leur témoignait sa satisfaction en leur accordant la confiance la plus large.

Tout, dans la maison du père Labouré, tout, bêtes et gens, marchait au doigt et à l'œil. On aurait dit que du haut du ciel la mère dirigeait cette ferme.

Comme vous pouvez le penser, entre les deux

jeunes sœurs s'établit la plus grande intimité. Zoé ouvrit toutes grandes les portes de son cœur, et sa sœur y entra comme chez elle.

Elles se faisaient mutuellement leurs confidences : « Le jour de ma première communion, dit Zoé, j'ai fait vœu de virginité, et j'ai promis à Dieu de me consacrer à son service. Le moment est venu de remplir mes engagements. »

Et elle commença à chercher les moyens pour cela.

Divers obstacles se présentèrent qui retardèrent l'exécution de ses projets.

D'abord elle se trouvait très insuffisamment instruite, car à peine savait-elle lire, et elle ignorait totalement l'écriture.

Puis elle était embarrassée de savoir dans quelle communauté religieuse elle devait entrer.

Et enfin, la troisième difficulté était d'obtenir le consentement de son père. De ce côté, elle prévoyait une grande résistance et une opposition sérieuse.

Dieu, qui avait ses vues sur elle, lui choisit lui-même la communauté où il la voulait, et voici comment il la lui fit connaître.

Nous allons laisser parler M. Aladel, qui fut le premier historien de sœur Labouré.

Comme nous le verrons, dans le cours de ce récit, M. Aladel, prêtre de la mission de Saint-Lazare, fut le directeur spirituel de sœur Labouré. D'une prudence poussée parfois presque jusqu'à l'excès, il n'admettait les dires de la sœur qu'après un long et minutieux examen. Voilà pourquoi, quelque merveilleux qu'il soit, nous reproduisons son récit avec toute sécurité et la plus grande confiance, puisque le pieux lazariste a jugé opportun d'en consigner les détails.

Voici donc ce qu'écrit M. Aladel :

« Étant encore dans la maison de son père, à Fains-les-Moutiers, elle (Zoé Labouré) eut un songe où il est permis de reconnaître l'action de Dieu et une préparation à sa vocation.

« Il lui semblait être à l'église du village et dans la chapelle consacrée aux âmes du purgatoire. Un prêtre très âgé, d'une figure respectable et d'une physionomie singulière, apparut dans la chapelle et se revêtit des ornements sacrés pour dire la sainte messe. Elle y assista, fort impressionnée de la présence de ce prêtre inconnu. A la fin de la messe, le prêtre lui fit signe de s'approcher ; mais elle, effrayée, se retira à reculons, tenant toujours les yeux fixés vers lui.

« Sortie de l'église, elle entra dans une maison

du village pour visiter une personne malade. Là,
le vieux prêtre se retrouva devant elle, et, lui
adressant la parole : « Ma fille, lui dit-il, c'est
« bien de soigner les malades. Vous me fuyez
« maintenant ; mais un jour vous serez heureuse
« de venir à moi. Dieu a des desseins sur vous,
« ne l'oubliez pas. » Toujours stupéfaite et crain-
tive, la jeune fille s'éloigna encore. En sortant de
la maison, il lui semblait que ses pieds ne tou-
chaient pas la terre, et au moment où elle rentrait
chez son père, elle s'éveilla et reconnut que ce
qui venait de se passer n'était qu'un rêve.

« Se trouvant à Châtillon-sur-Seine [1], préoccu-
pée de la vision qu'elle avait eue, elle en parla
à M. le curé, qui lui répondit : « Je crois, mon
« enfant, que ce vieillard est saint Vincent, qui
« vous appelle à être Fille de la Charité. » Étant
allée chez les sœurs de Châtillon, elle fut saisie de
voir, en entrant au parloir, le portrait parfaitement ressemblant du prêtre qui lui avait dit en
songe : « Ma fille, vous me fuyez, mais un jour
« vous serez heureuse de venir à moi. Dieu a des
« vues sur vous, ne l'oubliez pas. » Elle demande
aussitôt quel est ce personnage, et lorsqu'elle

---

[1] Dans un instant nous dirons pourquoi et à quel propos.

apprend que c'est saint Vincent, le mystère s'éclaircit, elle comprend que c'est lui qu'elle doit avoir pour père. »

Voilà le récit de M. Aladel.

Voulant remédier dans une certaine mesure à l'insuffisance de son instruction, sans toutefois encore communiquer ses projets intimes à son père, la jeune Zoé lui demanda la permission d'aller passer quelque temps à Châtillon-sur-Seine, chez sa belle-sœur, qui tenait un pension-nat, afin de se fortifier dans la lecture et d'apprendre l'écriture, qu'elle ignorait complètement.

M. Labouré y consentit, mais avec la plus grande peine. Il lui était extrêmement difficile de se passer de sa fille.

La jeune Zoé resta chez sa belle-sœur à peine deux mois. Se trouvant au milieu de demoiselles de familles bourgeoises et même aristocratiques, elle ne put s'habituer dans ce milieu, qui n'était plus le sien, et, par suite de cet ennui, ne faisant aucun progrès dans son instruction, elle rentra à Fains, à la grande joie de son père.

Mais ce ne fut pas pour longtemps; Dieu la voulait à son service, elle devait s'y rendre, et le père fut obligé de s'incliner. Toutefois ce ne fut pas sans opposer une certaine résistance.

Voyant que sa sœur était assez forte pour supporter à elle seule la lourde tâche de diriger la maison, et jugeant que le moment était enfin venu d'accomplir le vœu qu'elle avait fait, Zoé demanda à son père l'autorisation de partir pour entrer dans la congrégation des Filles de la Charité.

Quoique très bon chrétien, M. Labouré opposa, cette fois, un refus tellement catégorique, que la pauvre enfant en fut profondément affligée, elle avait lieu de craindre qu'il ne fût irrévocable :

« J'ai déjà donné, disait-il, ma fille aînée au bon Dieu, ce qui a été pour moi un grand sacrifice ; il est certainement trop juste et trop bon pour ne pas me laisser les deux seuls enfants qui me restent pour m'aider à mes travaux et soigner mon ménage. »

Et il mit immédiatement à exécution un moyen qui lui vint en tête et sur lequel il comptait pour arriver à détourner sa fille de son idée, qu'il appelait malencontreuse.

Un de ses fils était établi restaurateur à Paris ; sa maison prospérait. Ne craignant donc pas d'être indiscret et de lui imposer une charge au-dessus de ses forces, il lui proposa de prendre sa sœur Zoé pendant un certain temps chez lui, et de s'efforcer, par des distractions multipliées, de la soustraire à son idée et de la faire renoncer à son projet; il espérait que les plaisirs du monde, si séduisants à Paris, seraient un puissant dérivatif; il donna carte blanche à son fils, sachant très bien qu'il ne dépasserait pas la mesure convenable; il savait du reste que sa fille ne se laisserait pas entraîner.

Le fils accepta avec plaisir. Zoé, par obéissance, se rendit à Paris chez son frère. L'accueil qu'elle y reçut fut des plus affectueux, son frère l'aimait beaucoup. Son séjour dans la capitale fut de courte durée. Son frère eut beau se montrer bon pour elle; il eut beau lui prodiguer tous les soins, l'entourer des attentions les plus délicates, comme aussi il eut beau lui donner toutes les distractions, tous les plaisirs permis, il ne réussit pas à ce qu'il voulait. On peut même dire que toutes ces prévenances aboutirent à un résultat tout opposé, le désir d'être Fille de la Charité ne fit que grandir chez la jeune paysanne.

A sa belle-sœur de Châtillon, pour laquelle elle avait une sympathie particulière et une confiance qui allait jusqu'à l'abandon, elle écrivait des lettres navrantes.

Mme Labouré en eut compassion : voyant qu'à

Paris sa pauvre belle-sœur s'ennuyait à en être malade, elle l'engagea à venir chez elle pendant quelque temps. Zoé, comme une âme en peine, ne se trouvant bien que partout où elle n'était pas, accepta l'invitation avec grand plaisir. Elle quitta donc Paris pour se rendre à Châtillon.

Elle ne tarda pas à gagner complètement sa belle-sœur à sa cause. Mme Labouré écrivit lettres sur lettres à son beau-père pour qu'il consentît à ce que voulait sa fille Zoé ; elle finit par triompher de la résistance paternelle.

Enfin, après bien des hésitations, bien des difficultés de toute nature, et grâce surtout à une excellente religieuse qui l'avait prise en affection et qui supplia la sœur supérieure de la recevoir comme postulante, lui promettant de se charger d'elle spécialement, Zoé Labouré entra à la communauté des Filles de la Charité de Châtillon.

IV

Sœur Catherine. — Sa vie. — Sa mort.

La jeune Zoé entra au séminaire le 21 avril
1830.

Nous avons cherché, mais en vain, à savoir un
détail qui nous intéresse particulièrement, car
nous attachons un grand prix à l'esprit de famille
et au témoignage de respectueuse affection que
les enfants doivent à leurs parents. Avant de
partir pour Paris, la jeune postulante est-elle
allée à Fains, faire ses adieux à son père et à sa
sœur? Voilà ce que nous ignorons.

Ce n'est pas probable; elle aura voulu épargner
à tous, même à elle, les pénibles émotions de la
séparation. C'est certainement, suivant nous,
l'unique raison qui l'aura retenue. On ne peut,
en effet, douter du respect et de l'affection qu'elle
portait à son père et à ses frères et sœurs, car on

lui savait d'abord un cœur très aimant, et, de plus, elle a prouvé son respect en ne voulant pas entrer dans la vie religieuse sans l'autorisation de son père.

De se voir enfin au séminaire, la jeune aspirante au grand titre de Fille de la Charité éprouva une joie plus facile à concevoir qu'à exprimer. Elle fut immédiatement placée sous la direction de M. Aladel, de la congrégation de la mission de Saint-Lazare, qui fut également son confesseur.

Nous aurons occasion de faire connaître ce pieux lazariste, lorsque, dans le prochain chapitre, nous raconterons les faveurs accordées par Dieu, la sainte Vierge et saint Vincent à sœur Labouré.

Hâtons-nous de dire, aussi rapidement que possible, quelle fut la vie de la nouvelle Fille de la Charité pendant les quarante-six ans qu'elle a passés à l'hospice d'Enghien, dans le faubourg Saint-Antoine.

C'est dès son entrée au séminaire de la rue du Bac qu'elle fut favorisée des visions célestes, dont nous donnerons tous les détails dans le prochain chapitre. On aurait dit que la sainte Vierge était impatiente de donner aux hommes une marque de son amour maternel, et que seule la bonne Zoé

Labouré devait être sa messagère et sa confidente.

Comme toute société organisée, la congrégation des Filles de la Charité comporte deux éléments principaux :

L'élément dirigeant et... l'autre, composé des sœurs qui n'ont qu'à se laisser diriger, et c'est le plus grand nombre. Sœur Labouré a toujours fait partie de ces dernières, et elle peut être proposée à toutes, présentes et futures, comme le modèle le plus parfait à imiter.

Au mois de janvier 1831, au moment où sœur Labouré y fut envoyée avec le nom de sœur Catherine, l'hospice d'Enghien était déjà d'une grande importance ; il se développa encore, au point qu'on fut obligé, peu d'années après, de dédoubler la maison.

Dès son arrivée, sœur Catherine fut chargée de la cuisine et de la lingerie. Quelques années après on changea ses emplois ; elle eut en partage la salle des vieillards et la basse-cour, où se trouvait encore un colombier. Elle occupa ces fonctions pendant quarante ans.

Ces divers emplois furent, comme vous voyez, complètement dans ses aptitudes ; elle aurait pu se croire chez son père, car elle avait les mêmes

occupations et s'y livrait avec le même entrain
et le même goût.

Sa vertu dominante était l'abandon complet de
soi-même à ses supérieures. Elle remplissait ses
emplois sans bruit, sans ostentation, sans chercher à se faire remarquer et encore moins à s'at-
tirer des éloges. Elle ne se plaisait que là où Dieu,
par la volonté de ses supérieures, l'avait placée.
Elle éprouvait également une grande joie à aller
au séminaire, et elle était heureuse quand elle
pouvait s'entretenir avec son directeur.

Elle se plaisait, dit son biographe, dans ses
modestes fonctions; sa laiterie était toujours dans
un ordre parfait, et rien ne lui semblait préfé-
rable au bonheur d'être au milieu de ses pauvres.

« J'ai toujours aimé, déclarait-elle avec bon-
homie, à rester à la maison; lorsqu'il était question d'une promenade, je laissais volontiers mon
tour aux autres pour servir mes pauvres. »

Les soins de propreté les plus bas de son office,
elle les appelait *les perles d'une Fille de la Charité*. Aux jeunes sœurs qui croyaient devoir montrer un zèle un peu exagéré, elle disait placide-
ment :

« Eh! ma bonne, ne vous émouvez pas tant. »

Elle donnait à sa première supérieure un de

ses meilleurs souvenirs; elle se plaisait à parler d'elle souvent.

« C'était, disait-elle, une bonne ancienne. Chaque année elle voulait que les premiers fruits du jardin fussent portés à des familles indigentes du faubourg ou à ses bons vieillards. Les sœurs ne pouvaient en manger qu'après eux. »

Nous tenons à fouiller à fond, jusque dans ses plus faibles nuances, le caractère de la bonne sœur Catherine, parce que, d'abord, elle fut le type le plus parfait de la vraie Fille de la Charité, et ensuite, parce que cela finira de convaincre les indécis sur la sincérité de ses révélations.

« Son visage régulier, dit M. Aladel, portait le cachet de la modestie. Ses yeux, d'un bleu limpide, exprimaient la candeur. Elle était laborieuse, simple, et nullement mystique dans ses allures. Elle n'affectait pas plus les grandes vertus que les dévotions particulières. »

Pendant quarante-six ans qu'elle a vécu à l'hospice d'Enghien, elle avait eu cinq supérieures et vu passer bien des religieuses, différentes d'humeur; elle n'eut de choc ni de froissement avec aucune. Une sœur lui ouvrait-elle son cœur, souffrant de quelque peine, son premier comme son dernier conseil était :

« La soumission, tout est là, ma sœur, disait-elle ; sans obéissance, pas de communauté possible. »

« Il ne faudrait pas croire, dit son directeur, qui la connaissait bien, que sœur Catherine fût née avec un tempérament facile et doux et que l'obéissance lui fût toute naturelle. Non, elle avait au contraire une bonne tête et l'humeur très vive. Fort entendue dans tous les travaux de ménage, elle gouvernait avec beaucoup de soins et d'ordre la part qui lui était confiée. Sa vivacité la portait quelquefois à de petites saillies. Le ton ferme de ses paroles révélait alors ce que la vertu lui faisait plus ordinairement réprimer. »

Dès que ce premier mouvement était passé, elle revenait et s'humiliait aussitôt.

Malgré les apparences d'une forte santé, elle avait assez souvent des souffrances corporelles. Ses compagnes avaient remarqué que c'était surtout à la fête de l'Immaculée-Conception que ces souffrances lui arrivaient.

Dans une notice, nous lisons ce petit détail :

« La supérieure d'Enghien l'ayant amenée avec plusieurs autres compagnes passer la belle journée du 8 décembre à la communauté, le soir, en remontant l'omnibus, sœur Catherine fit un faux pas et se cassa le poignet. Elle ne dit mot et personne ne s'en aperçut. Quelques instants après, la voyant tenir son bras dans son mouchoir, sœur Dufès (la supérieure) lui demanda ce qui lui était arrivé. Elle fit cette réponse, qui, pour être très spirituelle, était surtout l'expression vraie de son sentiment :

« — Ah! ma sœur, dit-elle, je tiens mon bouquet; tous les ans la sainte Vierge m'en envoie un de cette façon. »

Comme on le voit, elle n'était pas si douillette que le prétendaient certaines de ses compagnes.

Dans l'oraison, elle ne baissait pas les yeux comme on le fait d'habitude; elle les avait toujours fixés sur une image de la sainte Vierge. Elle ne pleurait jamais que lorsqu'elle avait une grande angoisse de cœur, ou quand on racontait devant elle des traits de protection de la sainte Vierge ou des conversions obtenues par son intercession.

Elle versa d'abondantes larmes, en 1871, à la vue des maux de l'Église et de la France.

Elle attachait une importance particulière à la récitation du chapelet.

« Nous étions frappées, dit sœur Dufès, lorsque nous le récitions en commun, de l'accent grave

et pieux avec lequel notre bonne compagne pro-
nonçait les paroles de la salutation angélique; et
ce qui nous fait voir jusqu'à quel point elle était
pénétrée de ces sentiments de respect et de dévotion, c'est qu'elle, toujours si humble, si réser-
vée, ne pouvait s'empêcher de blâmer la légèreté,
le peu d'attention qui parfois accompagnent la
récitation d'une prière si belle et si efficace. »

A ce propos, voici une très jolie réponse à faire
à ceux qui ne savent pas apprécier le rosaire, et
qui trouvent ridicule et insipide cette répétition
incessante de la salutation angélique.

Celui qui récite le rosaire est exactement comme
le petit enfant qui, sur les genoux de sa mère, lui
passe constamment sa petite main sur la figure
pour la caresser, en lui répétant sans jamais se
lasser :

« Ma petite maman chérie, que je vous aime! »

A l'exemple du pieux auteur de la *Médaille
miraculeuse*, au sujet des dernières années de la
vie de sœur Labouré donnons la parole à sœur
Dufès, sa supérieure. Mieux que tout autre, elle
nous en racontera les détails édifiants, puisqu'elle
en a été le témoin.

. . . .

« Ma sœur Catherine était alors l'âme de la

petite famille chargée du soin de l'hospice. Dans ces dernières années, le nombre de nos sœurs était devenu plus considérable, et, par suite, l'administration des deux maisons d'Enghien et de Reuilly [1] étant trop difficile pour une seule personne, une assistante me fut donnée pour me seconder dans la direction de l'hospice. Si ma sœur Catherine n'eût pas été formée depuis long-temps à l'obéissance et à l'abnégation, il eût sem-blé bien dur à sa nature, vive et prompte, de reconnaître l'autorité d'une compagne beaucoup plus jeune qu'elle ; mais bien autres furent les pensées de l'humble sœur, qui s'était toujours étudiée à s'effacer.

« Elle fut la première à protester de sa sou-mission entière : « Ma sœur, me disait-elle, soyez « tranquille, il suffit que nos supérieurs aient « parlé, pour que nous recevions ma sœur Angé-« lique comme une envoyée du bon Dieu, et lui « obéissions comme à vous-même. » Ces paroles furent justifiées par sa conduite.

« Malgré le silence que sœur Catherine gardait sur les communications qu'elle avait reçues, il lui

---

[1] Nom donné à la maison de providence séparée de l'hos-pice d'Enghien par un vaste jardin, et où se trouvent réu-nies toutes les œuvres.

arrivait de temps en temps de me dire ses vues sur les événements actuels, me parlant alors comme inspirée de Dieu.

« C'est ainsi qu'au moment de la Commune, elle m'annonça que je quitterais la maison accompagnée de telle sœur, que je reviendrais le 31 mai, m'assurant que je ne devais rien craindre, parce que la sainte Vierge tiendrait ma place et garderait la maison. Je ne fis guère attention aux paroles de la bonne sœur.

« Je partis, en effet, et réalisai contre mes plans, et sans y penser, tout ce que ma sœur Catherine m'avait prédit. Le 31 mai, de retour à la communauté, j'étais très inquiète de la maison, tombée au pouvoir d'une bande de communards, et qu'on disait dévastée. Ma sœur Catherine essayait de me rassurer, me répétant que la sainte Vierge avait tout conservé. « Elle en était sûre, « disait-elle, la sainte Vierge le lui avait pro-« mis. »

« En effet, nous trouvâmes, à notre arrivée, que cette Mère de miséricorde avait tout gardé, tout sauvé, malgré la longue occupation de cette chère maison par une troupe de forcenés, dont le satanique plaisir était de briser et de détruire.

« Une circonstance surtout nous frappa vive-

ment : ces malheureux avaient fait d'inutiles
efforts pour renverser la statue de Marie Immaculée, située dans le jardin ; elle avait invincible-
ment résisté à leurs tentatives criminelles.

« Ma sœur Catherine s'empressa de remettre
sur la tête de notre auguste Reine sa couronne,
qu'elle avait emportée dans son exil, en disant
qu'elle la lui rendait en hommage de reconnaissance.

« Plusieurs fois ma sœur Catherine m'exposa
ainsi ses idées avec une simplicité d'enfant. Quand
la réalisation ne venait pas confirmer ses prédictions, elle me disait avec calme : « Eh bien ! ma
« sœur, je me suis trompée, je croyais vous
« avoir dit vrai, je suis bien aise qu'on sache la
« vérité. »

« Cependant les années s'accumulaient, et
notre bonne sœur parlait souvent de sa fin prochaine. Nos vénérés supérieurs se préoccupaient
de son état, et M. le supérieur général la fit un
jour venir à la communauté afin de recevoir de
sa bouche des communications qui lui semblaient
importantes.

« Ma sœur Catherine ne s'attendait à rien. Elle
fut surprise et presque interdite. A son retour
elle me fit part de son émotion, et pour la pre-

mière fois me parla à cœur ouvert de ce qu'elle craignait tant auparavant de laisser paraître.

« Cette répugnance avait cessé; se voyant sur le bord de la tombe, elle se sentait pressée de faire connaître les détails qu'elle pouvait croire ensevelis avec le vénéré père Aladel.

« Ces confidences, du reste, furent pour moi seule, aucune de nos sœurs n'en eut connaissance. Il est vrai que la plupart étaient instruites de ce pieux mystère; mais elles ne l'apprirent jamais de ma sœur Catherine-elle-même. Tout ce qu'elles pouvaient remarquer, c'était son ardent amour pour Marie immaculée, et son zèle à propager la médaille miraculeuse. Puis, quand elle entendait une de nos sœurs exprimer le désir de faire le pèlerinage de Lourdes ou de quelque autre sanctuaire privilégié de Marie, elle ne pouvait s'empêcher de dire avec une certaine vivacité : « Mais pourquoi donc voulez-vous aller « si loin ?... N'avez-vous pas la communauté ?... « Est-ce que la sainte Vierge n'est pas apparue « là, aussi bien qu'à Lourdes ?... »

« Et, ce qu'il y a d'extraordinaire, c'est que, sans avoir lu aucun des ouvrages publiés sur cette grotte miraculeuse, ma sœur Catherine était plus au courant de tout ce qui s'y était passé,

que les personnes qui avaient fait ce pèlerinage.
A part cela, comme on l'a déjà dit, jamais il ne
lui échappa une parole qui pût laisser croire
qu'elle eût plus de part qu'une autre aux faveurs
singulières que la sainte Vierge avait versées sur
l'humble chapelle de la maison mère.

« Cette bonne compagne était devenue plus
affectueuse depuis qu'elle avait ouvert son cœur.
C'était pour elle un repos, une consolation de
voir quelqu'un qui la comprît. Notre père Chevalier, assistant de la congrégation de la Mission,
venait de temps en temps la visiter et recevoir
ses confidences au sujet de l'apparition. Il lui
parlait un jour de la nouvelle édition de la notice
sur la Médaille, qu'il préparait. « Lorsque M. Ala-
« del a fait paraître l'édition de 1842, reprit sœur
« Catherine, je lui avais bien dit qu'il n'en
« publierait pas d'autre, et que moi, *non plus*,
« je ne verrais pas une nouvelle édition, parce
« que celui qui la ferait ne l'aurait pas finie de
« mon vivant. »

« — Je vous attraperai bien, » reprit M. Chevalier, qui comptait la mettre au jour très prochai-
nement; mais des difficultés imprévues ayant
retardé la publication, il reconnut que la bonne
sœur avait dit juste.

« Depuis l'année 1876, ma sœur Catherine parlait plus souvent de sa mort. A tous nos jours de fêtes elle ne manquait pas de nous dire : « C'est la dernière fois que je vois cette fête, » et quand on semblait ne pas la croire, elle ajoutait que sûrement elle ne verrait pas l'année 1877. Nous ne prévoyions pas cependant une fin si prochaine. Pendant les derniers mois, elle fut obligée de garder le lit et de cesser cette vie si active qu'elle menait depuis tant d'années.

« Les forces allaient toujours diminuant. Un asthme, joint à une maladie de cœur, la minait peu à peu. Elle se sentait mourir, mais sans crainte, on peut même dire sans émotion.

« Un jour, lui parlant de sa mort :

« — Vous n'avez donc pas du tout peur, lui dis-je, ma bonne sœur Catherine ?

« — Peur ! s'écria-t-elle ; mais, ma sœur, pourquoi voulez-vous que j'aie peur ?... Je m'en vais retrouver Notre-Seigneur, la sainte Vierge, saint Vincent... »

« En effet, notre chère compagne n'avait pas à s'effrayer, car sa mort fut aussi calme que sa vie.

« Quelques jours avant, une de nos sœurs causait avec elle familièrement, et, sans aucune

3*

préméditation de part et d'autre, la malade lui dit :

« — J'irai à Reuilly.

« — Comment ! dit la compagne, à Reuilly ? Mais vous n'en aurez pas le courage, et vous aimez tant votre Enghien que vous n'avez jamais quitté.

« — Je vous dis que j'irai à Reuilly.

« — Mais quand est-ce ?

« — Ah ! voilà !... » dit ma sœur Catherine d'un ton affirmatif et mystérieux, qui déconcerta la compagne.

« Peu après elle lui dit encore :

« — Il n'y aura pas besoin de corbillard pour mon enterrement.

« — Oh ! par exemple ! répond la sœur.

« — Il ne faudra pas de corbillard, reprit la malade d'un ton accentué.

« — Mais comment fera-t-on ?

« — On me mettra dans la chapelle de Reuilly. »

« Ces paroles frappèrent la compagne, qui me fit part de cette conversation.

« — Gardez cela pour vous, » lui dis-je.

« Le lendemain, elle eut dans la journée plusieurs faiblesses qui firent croire à sa fin prochaine. Nous lui proposâmes donc les dernières consolations de la religion, ce qu'elle accepta avec reconnaissance. Elle reçut les sacrements avec un bonheur et un calme qu'on ne saurait décrire; puis, sur sa demande, nous lui récitâmes les litanies de l'Immaculée-Conception.

« Étant un jour près de son lit, nous lui parlions du ciel, de la sainte Vierge; alors elle exprima ce désir :

« — Je voudrais, que pendant mon agonie, il y eût là soixante-trois enfants disant chacune à la sainte Vierge une invocation qui rappelle son immaculée Conception, et surtout ces paroles si consolantes : *Terreur des démons, priez pour nous.* »

« On lui fit observer qu'il n'y avait pas soixante-trois invocations dans les litanies.

« — Vous les trouverez dans l'office de l'Immaculée Conception, » dit-elle.

« On se mit en mesure d'exaucer son désir en écrivant les invocations sur des billets, et on les garda pour le suprême instant.

« Mais au moment de son agonie les enfants ne se trouvèrent pas disponibles; elle demanda alors qu'on récitât les litanies et fit répéter trois fois l'invocation qui fait trembler les enfers.

« Plusieurs de nos sœurs furent singulièrement touchées de l'entendre s'écrier avec un accent de

profonde tendresse : « Ma chère communauté !...
« Ma chère maison mère !... » Tout ce qu'on aime
revient, dit-on, à l'heure suprême.

« Quelques anciennes compagnes ou amies de la
maison vinrent dans la journée la visiter une dernière fois. L'une d'elles, en office au séminaire,
s'approchant, lui dit avec un accent de tristesse :

« — Sœur Catherine, vous allez donc
partir sans me dire un mot de la sainte
Vierge ? »

« Alors la mourante se pencha vers elle et lui
parla assez longuement à l'oreille.

« — Je ne dois pas parler, c'est M. Chevalier
qui a mission pour cela. »

« Elle ajouta cependant :

« — La sainte Vierge a promis d'accorder des
grâces particulières chaque fois qu'on priera dans
la chapelle, mais surtout une augmentation de
pureté, cette pureté d'esprit, de cœur, de volonté,
qui est le pur amour. »

« Une supérieure, qui était venue la visiter,
s'approcha de la malade et lui parla des besoins
de la communauté, de ceux du séminaire, et elle
finit en disant :

« — Ma bonne sœur Catherine, quand vous

serez au ciel, vous n'oublierez pas tout cela, vous ferez bien toutes mes commissions [1]. »

« Ma sœur Catherine lui répondit :

« — Ma sœur, je veux bien, mais j'ai toujours été si bête, si sotte, je ne sais pas comment je m'expliquerai ; car j'ignore comment on parle au ciel. »

« Sur quoi l'autre sœur, ravie de tant de simplicité, eut l'inspiration de lui dire :

« — Oh ! ma bonne sœur Catherine, dans le ciel on ne parle pas comme sur la terre ; l'âme regarde Dieu, et le bon Dieu regarde l'âme, et tout est compris : c'est là le langage du ciel. »

« Alors notre bonne sœur prit un air radieux et lui répondit :

« Ah ! ma sœur, s'il en est ainsi, vous pouvez être tranquille, toutes vos commissions seront faites. »

« M. Chevalier vint aussi dans la journée bénir

[1] C'est une pieuse et bien touchante coutume, chez les Filles de la Charité, de donner des commissions pour le ciel à celle de leurs compagnes qui va partir.

Nous avons assisté aux derniers moments de notre sœur bien-aimée, morte supérieure de la petite communauté de Manson, près Clermont-Ferrand. Toutes ses compagnes l'entouraient et lui confiaient leurs commissions pour le ciel. Nous avons la douce espérance qu'elle a pu s'en acquitter auprès de Dieu.   (*Note de l'auteur.*)

la pieuse mourante, et lui parla dans le même sens. Sœur Catherine lui répondit avec une entière présence d'esprit, et dit entre autres choses :

« — Les pèlerinages que font les sœurs ne favorisent pas la piété... La sainte Vierge ne m'a pas dit qu'il fallait aller la prier si loin. C'est dans la chapelle de la communauté qu'elle veut que les sœurs l'invoquent, c'est là leur vrai pèlerinage. »

« Les pauvres, qu'elle avait tant aimés, occupaient également sa pensée :

« — Depuis, disait-elle, qu'il y a dans la communauté beaucoup de sœurs instruites, il me semble qu'on n'aime pas les pauvres autant qu'autrefois. Il y a des sœurs qui n'ont jamais soigné un malade ; elles ne sauraient comment s'y prendre pour leur rendre le service le plus ordinaire. »

« A quatre heures du soir, une nouvelle faiblesse nous réunissait toutes auprès de cette chère mourante. Ce n'était pas cependant encore le dernier moment. Nous entourâmes son lit jusqu'au soir. A sept heures, elle parut s'assoupir davantage, et, sans la moindre agonie, sans le moindre signe de souffrance, elle rendit son dernier soupir. C'est à peine si nous pûmes nous apercevoir qu'elle avait cessé de vivre. Jamais je n'ai vu mort si calme et si douce.

« Ses obsèques, qui furent plutôt une marche triomphale qu'un cortège funèbre, eurent lieu dans la communauté, et la pieuse religieuse fut ensevelie dans un caveau de la chapelle, le 3 janvier 1877.

« En l'accompagnant à sa dernière demeure, toutes les voix, au lieu de pousser des sanglots, chantaient triomphalement :

« — O Marie conçue sans péché, priez pour nous, qui avons recours à vous. »

V

Apparitions. — Révélations.

Avant d'aborder le récit des apparitions et des révélations dont fut favorisée sœur Catherine pendant son séjour au séminaire de la rue du Bac, il est indispensable de bien dépeindre son caractère et de faire connaître aussi celui de M. Aladel, prêtre de la Mission, qui fut pendant près de trente ans son confesseur et son directeur.

Nos lecteurs se convaincront par ce moyen que ces apparitions ne sont pas, comme on le prétend souvent dans des cas presque analogues, des illusions dues à une exaltation de piété ou à une imagination surchauffée. Ils verront également avec quelle réserve timide le pieux lazariste recueillait les révélations confidentielles que lui faisait sœur Labouré. On peut dire qu'il était d'une prudence poussée à l'excès, si toutefois il nous est permis de formuler une appréciation sur un point aussi délicat.

A sa supérieure, qui lui parlait des faveurs qu'elle avait reçues du ciel, sœur Labouré fit un jour cette réponse remarquable :

« Moi, favorisée, ma sœur ; mais je n'ai été qu'un instrument ! Ce n'est pas pour moi que la sainte Vierge m'a apparu. Je ne savais rien, pas même écrire ; c'est dans la communauté que j'ai appris ce que je sais, et c'est pour cela que la sainte Vierge m'a choisie, afin qu'on ne puisse pas douter. »

Cette réponse, étonnante par sa profondeur, est merveilleuse quand on songe qu'elle fut faite par celle qui dans son enfance ne fut qu'une très simple paysanne, et n'était à ce moment que la plus obscure, la plus ignorée et peut-être la plus ignorante des Filles de la Charité. C'est une réponse que l'on croirait faite par un Père de l'Église ou un grand philosophe.

Physiquement, rien ne prédisposait sœur Catherine aux hallucinations, ni au délire, ni aux divagations de l'imagination. Elle n'était ni lymphatique, ni névrosée, son tempérament était bien formé, bien régulier, bien équilibré.

Au moral elle était calme, sérieuse sans hypocondrie, d'un jugement sûr et droit, et d'une volonté ferme qui serait allée jusqu'à l'entêtement et l'obstination sans la vertu de soumission et d'obéissance que la religion lui disait de pratiquer vis-à-vis de ses supérieurs.

Au point de vue religieux, elle fut toujours pieuse, mais pas le moins du monde bigote.

Soit à Fains, dans la maison paternelle, soit à l'hospice d'Enghien, elle fut laborieuse uniformément, sans soubresaut, sans brusquerie et sans bruit, ne cherchant jamais à se faire remarquer, en un mot, suivant une expression familière que nous avons entendue souvent, « tranquillement elle faisait son petit bonhomme de chemin. »

Ses compagnes elles-mêmes ne s'arrêtaient pas à l'idée que ce pût être sœur Catherine qui eût reçu les révélations dont elles entendaient parler.

M. Aladel était sérieux, froid, prudent et circonspect. Sans rebuter positivement sœur Catherine, il la tenait et la menait avec une main de fer à peine gantée de velours.

Quand elle lui révélait une apparition, il lui imposait le silence le plus profond. Il lui tenait, comme on dit, la bride tellement serrée, que souvent il était obligé de la lâcher, car il sentait et

Il comprenait que le pauvre sœur en souffrait.

Le récit que nous allons donner nous fournira le moyen de faire ressortir précisément la sincé-rité de la pieuse sœur et la prudence de M. Aladel, son directeur.

Voilà ce qu'a écrit sœur Catherine :

« Je suis arrivée le mercredi avant la transla-tion des reliques de saint Vincent de Paul. Heu-reuse et contente d'assister à ce grand jour de fête, il me semblait que je ne tenais plus à la terre.

« Je demandais à saint Vincent toutes les grâces qui m'étaient nécessaires, et aussi pour les deux familles et la France entière. Il me semblait qu'elle en avait le plus grand besoin. Enfin je priais saint Vincent de Paul de m'enseigner ce que je devais demander. »

Quand la pieuse sœur eut achevé cette prière dans la chapelle de saint Lazare, elle se rendit dans la chapelle de la maison mère de la rue du Bac. là

« J'avais la consolation de voir son cœur¹ au-dessus de la petite châsse où ses reliques sont exposées. Il m'apparut trois jours de suite d'une manière différente.

¹ Le cœur de saint Vincent.

« Blanc, couleur de chair, et cela annonçait la paix, le calme, l'innocence et l'union.

« Puis je l'ai vu couleur de feu, ce qui était le symbole de la charité qui s'allumera dans les cœurs. Il me semblait que la charité devait se renouveler et s'étendre jusqu'aux extrémités du monde.

« Enfin il m'apparut rouge-noir, ce qui me mettait la tristesse dans le cœur. Il me venait des craintes que j'avais peine à surmonter. Je ne savais ni pour quoi ni comment cette tristesse se portait sur le changement de gouvernement[1]. »

Une voix intérieure lui dit :

« Le cœur de saint Vincent est profondément affligé des grands malheurs qui vont fondre sur la France. »

Le dernier jour de l'octave, ce cœur devint couleur de vermeil, et elle entendit ces paroles :

« Le cœur de saint Vincent est un peu consolé, parce qu'il a obtenu de Dieu, par la médiation de Marie, que ses deux familles ne périraient pas au milieu de ces malheurs et que Dieu s'en servirait pour ranimer la foi. »

---

[1] Ceci se passait le 19 juillet 1830, par conséquent quelques jours avant la chute de Charles X.

Elle parla de cette vision à son directeur. M. Aladel l'engagea à ne pas s'y arrêter.

« Le jour de la sainte Trinité (c'est encore la sœur Labouré qui l'a consigné dans ses écrits [1]), Notre-Seigneur m'apparut dans le très saint Sacrement, pendant la sainte messe, comme un roi, avec la croix sur sa poitrine. Au moment de l'Évangile, il m'a semblé que la croix et tous ses ornements royaux coulaient à terre sous ses pieds et que Notre-Seigneur restait dépouillé.

« C'est là que j'ai eu les pensées les plus noires et les plus tristes, comprenant que le roi serait dépouillé de ses habits royaux et les dommages qui en résulteraient. »

Qui se serait attendu que des prédictions politiques sortiraient de la bouche de sœur Labouré, qui avait continuellement les yeux et les oreilles fermés aux choses de la terre ?

Comme M. Aladel, se trouvant au séminaire de la rue du Bac, exprimait ses craintes, sœur Labouré le rassura.

« J'ai, disait-elle, la promesse que ni la congrégation de la rue de Sèvres, ni la communauté de la rue du Bac, n'auront à souffrir en rien des

---

[1] Écrits faits non seulement sur les conseils, mais encore sur les ordres formels de son directeur.

événements. La preuve, ajouta-t-elle, c'est qu'à l'instant un évêque vient d'entrer pour se réfugier à la congrégation. »

Sur cette déclaration, M. Aladel rentra de suite à la maison de la rue de Sèvres, et M. Salhorgue, supérieur général, l'aborda pour lui dire que Mgr Frayssinous, évêque d'Hermopolis et ministre des cultes sous Charles X, venait d'entrer et lui demander un asile pour se soustraire à la persécution qui le menaçait.

En 1836, sur l'ordre formel de M. Aladel, son directeur, sœur Catherine, malgré sa répugnance, consigna par écrit toutes les apparitions et toutes les révélations dont elle fut favorisée.

Et, pour s'entourer de toutes les garanties possibles, le pieux lazariste lui ordonna de lui faire le récit des mêmes faits trois fois. Ces trois récits étant différents les uns des autres pour la forme, mais conformes pour le fond, sauf quelques légers détails insignifiants, on a la certitude qu'ils n'ont pas été copiés l'un sur l'autre.

Nous insistons sur toutes ces particularités d'une façon qui paraîtra peut-être un peu trop minutieuse à quelques-uns de nos lecteurs. Mais nous voulons faire ressortir et la sincérité de la bonne sœur Labouré et l'authenticité des apparitions et la prudence de M. Aladel à les admettre.

Voilà le récit de M. Aladel, combiné avec celui de sœur Catherine :

« Le 18 juillet 1830, veille de la fête de saint Vincent de Paul, la directrice du séminaire fit une instruction sur la dévotion aux saints et à la sainte Vierge, qui augmenta encore son désir. Sous cette impression, la jeune sœur se couche, en se recommandant à son bienheureux père saint Vincent, avec la confiance que ses vœux vont être exaucés.

« Vers onze heures et demie, elle s'entend appeler par son nom de : « Sœur Labouré » accentué trois fois de suite. Pendant ce temps, s'éveillant tout à fait, elle entr'ouvre son rideau du côté d'où part la voix. Qu'aperçoit-elle ? un jeune enfant d'une beauté ravissante ; il peut avoir de quatre à cinq ans, il est habillé de blanc, et de sa chevelure blonde, aussi bien que de toute sa personne, s'échappent des rayons lumineux qui éclairent tout ce qui l'entoure.

« — Venez, dit-il d'une voix mélodieuse, venez à la chapelle, la sainte Vierge vous attend. »

« Mais, pensait en elle-même sœur Labouré,

qui couchait dans un grand dortoir, on va m'entendre, je serai découverte.

« — Ne craignez rien, reprit l'enfant, répondant à sa pensée; il est onze heures et demie, tout le monde dort, je vous accompagne. »

« A ces mots, ne pouvant résister à l'invitation de l'aimable guide qui lui est envoyé, sœur Catherine s'habille à la hâte et suit l'enfant, qui marchait toujours à sa gauche, « portant des rayons de clarté » partout où il passait, et partout aussi les lumières étaient allumées, au grand étonnement de la sœur. Sa surprise redoubla en voyant la porte s'ouvrir dès que l'enfant l'eut touchée du bout du doigt, et en trouvant l'intérieur de la chapelle tout illuminé, « ce qui, dit-elle, lui rap-
« pelait la messe de minuit. »

« L'enfant la conduisit jusqu'à la balustrade de communion. Elle s'y agenouilla, pendant que son guide céleste entrait dans le sanctuaire, où il se tint debout sur la gauche.

« Les moments d'attente semblaient longs à sœur Catherine. Enfin, vers minuit, l'enfant la prévint en disant : « Voici la sainte Vierge, la « voici ! » Au même instant elle entend distinctement, du côté droit de la chapelle, un bruit léger semblable au frôlement d'une robe de soie.

Bientôt une dame d'une grande beauté vient s'asseoir dans le sanctuaire. Le siège, l'attitude, le costume, c'est-à-dire une robe blanche un peu jaune, avec un voile bleu, rappelaient la représentation de sainte Anne, que l'on voit dans un tableau placé au-dessus.

« Cependant ce n'était pas le même visage, et sœur Catherine était là, luttant intérieurement contre le doute.

« Soudain le petit enfant, prenant la voix d'un homme, parla très fortement et fit entendre des paroles sévères, lui demandant si la Reine du ciel n'était pas maîtresse d'apparaître à une pauvre mortelle sous telle forme qu'il lui plaisait.

« A ces mots, toute hésitation cesse, et, ne suivant plus que le mouvement de son cœur, la sœur se précipite aux pieds de la sainte Vierge, posant familièrement les mains sur ses genoux, comme elle l'eût fait avec sa mère.

« — En ce moment, dit-elle, je sentis l'émotion la plus douce de ma vie, et il me serait impossible de l'exprimer.

« La sainte Vierge m'expliqua comment je devais me conduire dans mes peines et, me montrant de la main gauche le pied de l'autel, elle me

dit de venir me jeter *là* et d'y répandre mon cœur, ajoutant que je recevrais là toutes les consolations dont j'aurais besoin. Puis elle me dit encore : « Je veux vous charger d'une commis-
« sion; vous y souffrirez bien des peines, mais
« vous les surmonterez à la pensée que c'est pour
« la gloire du bon Dieu. Vous serez contredite,
« mais vous aurez la grâce, ne craignez point.
« Dites tout ce qui se passe en vous, avec simpli-
« cité et confiance. Vous verrez certaines choses,
« vous serez inspirée dans vos oraisons; rendez-
« en compte à celui qui est chargé de votre
« âme. »

« Je demandai alors à la sainte Vierge l'explication des choses qui m'avaient été montrées. Elle me répondit : « Mon enfant, les temps sont
« très mauvais, des malheurs vont fondre sur la
« France; le trône sera renversé, le monde entier
« sera bouleversé par des malheurs de toutes
« sortes (la sainte Vierge avait l'air très peinée
« en disant cela); mais venez au pied de cet
« autel : là, les grâces seront répandues sur
« toutes..., sur toutes les personnes qui les deman-
« deront, les grands et les petits.

« Un moment viendra où le danger sera grand,
« on croira tout perdu; là, je serai avec vous,

« ayez confiance; vous reconnaîtrez ma visite,
« la protection de Dieu et celle de saint Vin-
« cent sur les deux communautés. Ayez con-
« fiance, ne vous découragez pas, je serai avec
« vous.

« Il y aura des victimes dans d'autres commu-
« nautés. (La sainte Vierge avait les larmes aux
« yeux en disant cela.) Dans le clergé de Paris il
« y aura des victimes. Mgr l'archevêque mourra (à
« ces mots ses larmes coulèrent de nouveau). Mon
« enfant, la croix sera méprisée, on la jettera par
« terre, on ouvrira de nouveau le côté de Notre-
« Seigneur ; les rues seront pleines de sang, le
« monde entier sera dans la tristesse. (Ici la
« sainte Vierge ne pouvait plus parler, la douleur
« était peinte sur son visage.) »

« A ces mots, sœur Catherine pensait : Quand
cela arrivera-t-il? Et une lumière intérieure lui
indiqua distinctement quarante ans.

« M. Aladel lui dit : « Y serons-nous, vous et
moi? — Si nous n'y sommes pas, répliqua la
simple fille, d'autres y seront. »

« La sainte Vierge la chargea encore de trans-
mettre à son directeur plusieurs recommanda-
tions touchant la communauté des Filles de la
Charité, lui annonçant qu'il serait un jour revêtu

d'une autorité qui lui permettrait d'exécuter ce qu'elle demandait [1]. »

« Puis elle reprit encore une fois :

« Mais de grands malheurs arriveront, le danger « sera grand ; cependant ne craignez point, la pro- « tection de Dieu est toujours là d'une manière « particulière, et saint Vincent vous protégera (la « sainte Vierge avait toujours l'air triste). Je serai « moi-même avec vous ; j'ai toujours l'œil sur « vous ; je vous accorderai beaucoup de grâces. »

La sœur ajoute :

« Les grâces seront répandues particulièrement sur les personnes qui les demanderont ; mais qu'on prie,... qu'on prie...

« Je ne saurais dire, continue la sœur, com- bien de temps je suis restée auprès de la sainte Vierge. Tout ce que je sais, c'est qu'après m'avoir parlé longtemps, elle s'en est allée, disparaissant comme une ombre qui s'évanouit. »

« S'étant relevée alors, sœur Catherine retrouva l'enfant à la place où elle l'avait laissé, lorsqu'elle s'était approchée de la sainte Vierge. Il lui dit :

[1] M. Aladel fut nommé directeur de la communauté en 1846. Il était né aux Ternes, près Saint-Flour (Cantal), le 4 mai 1800 ; il entra dans la congrégation de la Mission le 12 novembre 1821, et mourut à Paris le 25 avril 1865.

(Note extraite du volume : *la Médaille miraculeuse.*)

« Elle est partie, » et se mettant de nouveau à sa gauche, il la reconduisit de la même manière qu'il l'avait amenée, répandant une clarté céleste.

« Je crois, continue le manuscrit, que cet enfant était mon ange gardien, parce que je l'avais beaucoup prié pour qu'il m'obtînt la faveur de voir la sainte Vierge. Revenue à mon lit, j'entendis sonner deux heures, et je ne me suis point rendormie. »

Dans le courant du mois de novembre de cette même année 1830, sœur Catherine vint faire part d'une nouvelle vision à M. Aladel.

Voilà comment un procès-verbal d'enquête, daté du 16 février 1836, rapporte le fait :

« A l'heure où les sœurs sont en oraison dans leur chapelle, cinq heures et demie du soir, la sainte Vierge s'était montrée à la jeune sœur, comme dans un tableau ovale. Elle était debout sur le globe du monde, dont il ne paraissait que la moitié ; vêtue d'une robe blanche, d'un manteau bleu argenté, ayant comme des diamants à ses deux mains, d'où tombaient des faisceaux de rayons lumineux sur la terre, mais avec plus d'abondance sur un point. »

« Elle avait cru entendre une voix disant : « Ces rayons sont le symbole des grâces que

« Marie obtient pour les hommes, et le point où
« ils tombent plus abondamment, c'est la France, »
et elle lisait autour du tableau, écrits en caractères d'or, ces mots :

« *O Marie conçue sans péché, priez pour nous,
qui avons recours à vous.*

« Cette prière, tracée en demi-cercle, commen-
çait à la hauteur de la main droite, et, passant
au-dessus de la tête de la sainte Vierge, finissait
à hauteur de la main gauche. Le tableau s'étant
retourné, elle vit au revers la lettre M surmontée
d'une croix, ayant une barre à sa base, et au-
dessus du monogramme de Marie les cœurs de
Jésus et de Marie, le premier entouré d'une couronne d'épines et l'autre transpercé d'un glaive.
Puis elle crut entendre ces paroles : « Il faut faire
« frapper une médaille sur ce modèle; les per-
« sonnes qui la porteront indulgenciée, et feront
« avec piété cette prière, jouiront d'une protec-
« tion toute spéciale de la Mère de Dieu. » Et à
cet instant la vision cessa. »

Cette même apparition s'est renouvelée au moins
trois fois, et toujours dans la chapelle de la rue
du Bac.

Nos lecteurs ne doivent pas perdre de vue la
sévérité de M. Aladel à recevoir les communica-

tions de sœur Labouré, à ce point que la pauvre religieuse ne se décidait à les lui faire qu'après de longues hésitations et quand elle s'était rendu elle-même bien compte qu'elle avait bien vu, bien entendu, bien senti, et qu'elle n'avait pas été la victime d'un simple rêve ou d'une illusion quelconque.

Qui connaissait sœur Labouré écartait *à priori*, sans hésiter, l'idée d'une victime de son imagination, car la pieuse sœur, avec son air modeste, semblant toujours renfermée en elle-même, était rien moins qu'exaltée.

M. Aladel, comme nous n'avons cessé de le dire, était d'une prudence presque exagérée à admettre les faits que lui dévoilait sœur Labouré. Combien d'entretiens n'eut-il pas avec M⁹ᵉ de Quélen, archevêque de Paris, pour lui exposer ce qu'il savait, et lui demander la conduite à tenir!

Cependant sœur Labouré lui manifesta plusieurs fois le mécontentement, très formellement exprimé, de la sainte Vierge de ce que l'on ne mettait pas plus d'empressement à exécuter ses désirs.

Avant de donner un commencement d'exécution à la médaille demandée par la sainte Vierge, M. Aladel voulut s'entourer de tous les renseignements et ne négliger aucun détail. Quand il fut convaincu d'avoir sur ce point satisfaction complète, il en parla à Mgr l'archevêque.

Mgr de Quélen lui dit que cette médaille, dont il lui donnait la description et même le croquis sur le papier, n'avait rien de contraire à la foi et aux dogmes, que, par conséquent, il ne voyait aucun inconvénient à ce qu'elle fût frappée. Bien plus même, il prévoyait de grands avantages spirituels.

Pour encourager M. Aladel et le décider à la faire frapper au plus tôt, le pieux prélat en commanda pour lui-même une certaine quantité.

Cette visite à l'archevêque de Paris fit faire un grand pas à la résolution du prudent et hésitant directeur ; mais ce qui acheva de le décider, ce fut une nouvelle manifestation de la sainte Vierge.

En effet, la Reine du ciel venait de parler de nouveau à sa fille de prédilection pour lui exprimer la peine qu'elle éprouvait de ne pas voir encore sa médaille répandue. On aurait dit qu'elle aspirait avec ardeur après elle pour combler de grâces ceux qui la porteraient.

La pauvre sœur ne savait que répondre à cette bonne mère.

« Mais, sainte Vierge, lui disait-elle un jour, vous voyez bien qu'il (M. Aladel) ne me croit pas.

— Sois tranquille, lui répondit la sainte Vierge, un jour viendra où il fera ce que je désire; il est mon serviteur, il craindrait de me déplaire. »

Enfin, en 1832, la médaille fut frappée et répandue à des centaines de mille d'exemplaires.

Dans le chapitre suivant, nous allons faire le récit des merveilles opérées et des miracles obtenus par elle. Ils furent si prompts et si nombreux qu'à peine les premières centaines furent-elles répandues, elle reçut le titre éloquent de *Médaille miraculeuse*.

Cette nouvelle dévotion prenant presque instantanément un développement considérable, une question importante se présenta.

A l'ombre de quel sanctuaire la placerait-on pour qu'elle puisse se développer sans entraves ?

Directeurs et directrices de la communauté furent tous d'accord pour penser qu'il y aurait de graves inconvénients pour la communauté d'ouvrir à deux battants les portes de la chapelle à la foule des fidèles serviteurs de Marie.

Déjà la chapelle était trop étroite pour contenir toutes les sœurs de la communauté. On allait être obligé d'en agrandir l'enceinte. C'est du reste ce qui fut fait avec une grande habileté de l'architecte, qui trouva le moyen de conserver intact l'endroit précis où eurent lieu les apparitions.

On ne s'arrêta donc pas à l'idée d'établir le centre de la nouvelle dévotion à Marie dans la chapelle de la rue du Bac.

M. Desgenettes, curé de la paroisse des Petits-Pères, en plein centre de Paris, avait pour la sainte Vierge une grande dévotion. Ayant appris ce qui se passait dans la chapelle des Filles de la Charité, il y alla plusieurs fois pour y faire ses dévotions. Il eut connaissance des préoccupations des bonnes religieuses; heureux lui-même de consacrer tout son zèle au culte de la sainte Vierge, il offrit son église pour être le centre de la nouvelle dévotion. Ce qui fut accepté avec empressement.

Chose digne de remarque, c'est que la sainte Vierge elle-même donna immédiatement des preuves réitérées de son consentement en prodiguant ses grâces à ceux qui, venant s'agenouiller dans ce sanctuaire, les lui demandaient avec foi et humilité.

Sous l'invocation de Notre-Dame-des-Victoires, le zélé pasteur fonda dans son église une archiconfrérie qui, aujourd'hui, est célèbre dans le monde entier.

C'est le sanctuaire aimé des Parisiens. Les ex-voto, qui témoignent des grâces accordées par la divine Mère, sont en très grand nombre. Presque quotidiennement de nouveaux viennent s'ajouter aux anciens, et si cela continue, le moment n'est peut-être pas éloigné où l'église sera insuffisante pour les recevoir tous.

Il est vraiment édifiant, on peut même dire touchant, de voir avec quelle piété viennent prier à deux genoux les nombreux fidèles de tous âges et de toutes conditions.

En entrant dans cette église, dont l'architecture est sombre, froide, et n'élève pas l'âme à Dieu, lorsqu'on se dirige vers cette chapelle, à droite, où brûlent continuellement des multitudes de cierges allumés par la piété des fidèles, on sent comme une partie du ciel descendue sur la terre. En voyant la statue bénie, malgré soi on s'incline, on se prosterne et on prie. Quand on promène attentivement son regard sur les nombreux témoignages des grâces obtenues, la reconnaissance, l'admiration et l'amour s'emparent de l'âme, et malgré soi on s'écrie : « *O potentissima Virgo !* O Vierge très puissante ! »

VI

Diffusion merveilleuse de la médaille. — Guérisons.
— Conversions.

Évidemment, une médaille de la sainte Vierge, frappée et répandue par son ordre, ne pouvait que produire des résultats merveilleux. Si nous n'avions la crainte de devancer le jugement de l'Église, nous donnerions volontiers le nom de miracles aux faits extraordinaires, qui en grand nombre se sont produits par le moyen de ce céleste talisman.

Et d'abord, pour en reconnaître et surtout pour en bien apprécier la grande valeur, il faut se reporter à l'époque où la médaille, dite miraculeuse, a fait son apparition.

Les journées de Juillet, les *trois glorieuses,* comme les appellent les partisans, amenèrent la chute du roi Charles X, qui fut remplacé par Louis-Philippe.

Sans nous laisser aller à des récriminations politiques, nous constaterons avec l'histoire qu'un vent fortement hostile à la religion se mit à souffler en tempête sur la France à la proclamation de la monarchie de Juillet. Ce fut d'abord une bourrasque violente, un vrai cyclone, qui se changea ensuite en temps orageux, qui régna, on peut le dire, autant que le roi. L'ouragan causa des ravages effrayants dans les consciences ; il déracina les plus vigoureuses énergies, il fit table rase de l'indépendance des caractères, et sur ces champs désolés on ne vit plus qu'un horrible chardon, qui s'appelle le respect humain.

Oui, par respect humain, les hommes ne pratiquaient plus leur religion. Ceux mêmes que le plus mince fil gouvernemental ne retenait pas par la patte, n'osaient ouvertement se montrer à l'église. Quand, très fortuitement poussés par leurs remords, ils y faisaient quelque rare apparition, c'était toujours à la dérobée, pour ainsi dire entre chien et loup, et encore après avoir bien vérifié si des yeux indiscrets ne les surprenaient pas.

Naturellement cet état de choses eut pour conséquence un abaissement considérable de l'esprit religieux.

Dieu et la sainte Vierge en furent contristés. Ils voulurent nous prouver une fois de plus leur amour en nous arrachant aux griffes du démon, qui s'était emparé de nous.

Voilà pourquoi notre bonne Mère du ciel exprima à sa fille, sœur Catherine, sa vive impatience de voir sa médaille répandue au plus tôt dans le monde.

On peut dire que sa diffusion fut elle-même, et à elle seule, un miracle.

C'est par centaines à la fois qu'on les demandait. Et ce n'étaient pas des marchands qui voulaient en faire des spéculations commerciales, non ! C'étaient de simples particuliers qui se concertaient entre eux pour la porter d'abord eux-mêmes et ensuite pour la répandre. Des paroisses entières s'adressaient à leurs pasteurs, qui les leur procuraient. On vit même un officier supérieur qui, de passage à Paris, en acheta soixante qui lui avaient été commandées par ses camarades, officiers comme lui.

Il semblait vraiment que de tous côtés on était heureux de pouvoir satisfaire sa piété en cachette, puisqu'on n'osait le faire ouvertement.

Ce fut un grand bien.

A l'occasion de la consécration de l'église paroissiale de Notre-Dame-de-Lorette, Mgr de Quélen publia un mandement, le 15 décembre 1836, où il disait :

« C'est un fait que nous sommes jaloux de constater, et nous désirons que la connaissance en parvienne jusqu'aux lieux les plus reculés du monde catholique. Dans notre diocèse cette dévotion a jeté avec le temps des racines de plus en plus profondes, les malheurs sont encore venus l'affermir, l'accroître et l'étendre avec un merveilleux progrès. Les faveurs signalées, les grâces de guérison, de conservation et de salut paraissent se multiplier à mesure que l'on implore parmi nous la tendre pitié de *Marie conçue sans péché.* »

Et, dans le dispositif du mandement, le pieux prélat exhorte les fidèles à porter sur eux la médaille frappée depuis quelques années en l'honneur de la très sainte Vierge et à répéter souvent cette prière gravée au-dessus de l'image :

« O Marie conçue sans péché, priez pour nous, qui avons recours à vous. »

C'est avec une rapidité qui tient du miracle que la médaille de l'Immaculée-Conception s'est répandue dans le monde entier, jusqu'en Chine, et ce ne sont pas seulement les classes infimes de la société qui ont aimé à se parer de ce talisman, mais encore les têtes couronnées. Le roi de Naples, par exemple, en fit frapper en argent pour tous les personnages de sa cour, et en cuivre pour ses sujets. Après les avoir envoyées à Paris pour les faire indulgencier par ceux-là même qui avaient reçu la mission de les répandre, il les fit distribuer.

Pour donner une idée approximative du nombre de ces précieuses médailles, qui ont été distribuées en un temps relativement très court, nous dirons que la maison Vachette, de Paris, qui la première les a frappées, en a débité plus de vingt millions. Onze autres fabricants de Paris, sans compter ceux de Lyon et d'autres pays, en ont frappé autant, si ce n'est plus.

De sorte qu'il n'est pas exagéré de dire que, à l'heure actuelle, des milliards de la *médaille miraculeuse* ont été distribués dans le monde.

Plus la sainte Vierge voyait de ses enfants porter son image de prédilection sur leurs poitrines, plus elle prodiguait ses grâces, plus elle répandait ses faveurs et ses bénédictions. C'est donc à plusieurs titres que cette médaille est justement appelée la *médaille miraculeuse*.

Nous ne pouvons certainement pas rapporter ici, et surtout en détail, toutes les faveurs que la sainte Vierge a accordées, parce que, d'abord, toutes ne sont pas arrivées à notre connaissance, et ensuite même une sèche énumération en serait trop longue et par conséquent fastidieuse. Nous nous contenterons donc de mentionner les faits les plus éclatants.

Nous les avons groupés par région : ceux qui ont eu lieu en France, et ceux qui ont eu lieu à l'étranger. Nos lecteurs verront par là comment la sainte Vierge sait aimer ceux qui la servent.

Inutile de dire que nous ne relatons très rigoureusement que les faits contrôlés avec la plus grande sévérité et reconnus exacts d'une manière indiscutable.

VII

La médaille miraculeuse en France.

En 1833, au mois d'avril, arriva de Vitré à l'hospice d'Alençon un militaire d'une impiété diabolique. A Alençon, comme à Vitré, il allait jusqu'à dire des injures grossières aux religieuses qui le soignaient. Prières ferventes et soins affectueux ne parvenaient pas à attendrir ce malheureux. L'aumônier lui-même renonça à obtenir de lui son retour à Dieu.

Cependant le mal dont était frappé ce pauvre soldat empirait de jour en jour, et ses forces décroissaient à vue d'œil. La sœur chargée spécialement de lui eut l'idée heureuse de suspendre, sans qu'il s'en doutât, une médaille miraculeuse au pied de son lit, et elle commença une neuvaine. Le résultat fut immédiat, le malade écouta la religieuse avec calme; non seulement la vue de la médaille ne provoqua pas sa colère, mais encore il la vit avec bonheur; il demanda lui-même le prêtre et fit une mort des plus édifiantes.

Voici une lettre écrite par Mlle Aurélie B*** :

« Je fus atteinte, le 3 novembre 1833, d'une fièvre typhoïde, pour laquelle je fus traitée par un habile médecin et par les sœurs de Charité, qui n'épargnèrent rien pour ma guérison. Au bout d'un mois, on parvint à me mettre en état de prendre un peu de nourriture, et j'eus le bonheur de pouvoir assister à la sainte messe et de faire la sainte communion le jour de l'Immaculée-Conception. J'étais cependant très faible, et il m'était impossible de m'appliquer à rien. Dans cette espèce de défaillance, je pris un peu de chocolat; mais aussitôt la fièvre me reprit et redoubla tous les jours jusqu'à Noël; alors le médecin dit qu'il n'y avait plus d'espoir.

« On me fit voir à un autre médecin qui, m'ayant auscultée, déclara que j'étais poitrinaire au dernier degré, qu'on pouvait cependant essayer de quelques vésicatoires; ceux-ci ne produisirent aucun effet.

« Le 27 décembre, les médecins me trouvèrent en très mauvais état, et dirent aux sœurs que la mort avançait à grands pas. Du reste, j'étais froide depuis deux jours. Je fus administrée le même jour à six heures et demie. Sur les neuf heures on crut que j'allais rendre le dernier soupir. Tout à coup une de nos bonnes sœurs, qui était auprès de moi, eut la pensée de mettre sur moi la médaille miraculeuse. Je la baisai sans cessé avec beaucoup de confiance et je me trouvai mieux. Le lendemain matin, le médecin fut très étonné de mon état, qui s'améliora au point qu'au bout de deux jours il ne me restait plus de fièvre. J'avais un grand appétit; je repris aussitôt mes occupations, et depuis je me trouve en parfaite santé. »

Cette guérison, dont tous les détails ont été affirmés par témoins, a été regardée comme absolument surnaturelle par un des médecins qui l'ont soignée. En 1834, une religieuse d'une communauté de Paris, consacrée à Marie, tomba malade. Au moment où elle croyait être à peu près guérie, elle éprouva une vive douleur à la cuisse gauche. Une humeur irritante s'étant formée avait déplacé l'os de la cuisse, et la pauvre religieuse était menacée de souffrir longtemps et de rester boiteuse toute sa vie.

Une de ses compagnes lui porta une médaille

miraculeuse. La pauvre malade la baisa d'abord avec effusion et la plaça directement sur la partie malade et commença une neuvaine.

Dans la nuit du vendredi au samedi suivant, elle fut prise d'une douleur subite, assez forte, mais qui dura à peine quelques minutes. Puis elle ne sentit plus aucune souffrance et constata que la jambe, plus courte que l'autre de quelques centimètres, était revenue à son état normal. Aussitôt le jour venu elle se leva, ne sentant plus qu'une faiblesse, qui disparut peu à peu.

Tout naturellement sa première visite fut pour la sainte Vierge, aux genoux de laquelle elle se jeta pour la remercier. Puis elle se rendit à la salle de communauté, où sa supérieure et ses compagnes la reçurent avec joie et la félicitèrent de la faveur qu'elle venait de recevoir. On chanta le *Te Deum* et le *Sub tuum* en action de grâces.

A l'hospice militaire de Montpellier, un jeune capitaine de trente-sept ans et de bonne famille était dangereusement malade. Entraîné par les mauvaises fréquentations et aussi par fanfaronnade, il affichait envers la religion plus que de l'indifférence; il manifestait hautement une haine féroce. Jusqu'à ses derniers moments il refusa même de recevoir un prêtre.

La religieuse qui le soignait plaça à côté de son lit une médaille en la lui signalant. Par éducation et surtout par reconnaissance pour les soins minutieux qu'il en recevait, il ne contraria pas la sœur. Enhardie par ce qu'elle considérait comme un petit succès, sans lui rien dire cette fois, elle en plaça une autre dans son oreiller, et à partir de ce jour elle commença une neuvaine. Dès les premiers jours, l'officier se tournant vers la sœur fit des excuses d'avoir fait si mauvais accueil à la supérieure et à l'aumônier ; il la pria de dire à M. l'abbé qu'il le verrait avec plaisir avant de mourir. Huit jours après, l'aumônier, à la prière du malade, écrivit, *sous sa dictée*, la déclaration suivante :

« Je meurs dans la religion de mes pères, je l'aime et la révère. Je demande pardon à Dieu de ne l'avoir pas toujours pratiquée publiquement. »

A la même époque, à Montpellier encore, grâce à la médaille miraculeuse on eut la joie de voir revenir à Dieu une femme dont la vie fut un scandale public ; elle mourut dans d'excellents sentiments de repentir.

La guérison de Mme Péron fut un miracle particulièrement éclatant. Elle-même se plaisait à en raconter les plus petits détails.

C'était à Paris, dans la paroisse de Saint-Vincent-de-Paul; Mme Péron, depuis huit ans, avait des pertes de sang considérables, qui la faisaient souffrir affreusement. Elle restait des dix-huit mois au lit sans bouger; remèdes et médecins ne purent apporter aucun soulagement. Découragée, elle renonça à tout et résolut de se laisser mourir. Son mari et ses enfants étaient à peu près épuisés de forces et de ressources.

Un jour du commencement d'octobre on la crut morte. Aux cris que poussèrent son mari et sa fille, Mme Pellevé, la voisine, accourut. Ayant posé sa main sur le cœur de la pauvre malade, elle le sentit battre. Elle consola la famille, courut chercher la sœur qui venait donner ses soins depuis quelques jours. La religieuse arrive avec un médecin, qui l'examine et déclare que, poitrinaire, arrivée à la dernière période, la malade ne passerait pas la journée. Voici comment Mme Péron raconte sa guérison :

« Quand le médecin fut sorti, la sœur me dit :
« Aimez-vous bien la sainte Vierge? — Oui, ma
« sœur. — Si vous l'aimez bien, je vous donne-
« rai quelque chose qui vous guérira. — Oh!
« oui, je serai bientôt guérie. » Je voulais parler de la mort, car je sentais que je m'en allais.

Alors elle me montra une médaille, et me dit :
« Prenez cette médaille de la sainte Vierge, qui
« vous guérira si vous avez une grande con-
« fiance. »

« La vue de cette médaille me réjouit. Je la
pris et je la baisai de bon cœur, car j'avais bien
envie de guérir. Alors la sœur me récita tout
haut la petite prière que je ne pouvais point lire
et m'engagea à la répéter tous les jours. Je promis d'y ajouter cinq *Pater* et cinq *Ave*, ensuite
elle me mit la médaille au cou. Au même instant,
il se passa dans moi quelque chose de nouveau et
d'étrange. Ce fut une révolution générale dans
tout mon corps, j'eus la chair de poule dans tous
mes membres; il n'y avait pourtant rien de pénible, au contraire. Je me mis à répandre des
larmes de joie; je n'étais pas guérie, mais je
sentais que je pouvais guérir, et j'avais une
confiance, qui ne venait pas de moi. »

En effet, trois jours après, complètement
guérie, elle voulut aller de son pied à l'église
entendre la messe et remercier la sainte Vierge.
Chemin faisant, elle rencontra la sœur qui la
soignait; elle lui prit la main.

« Comment! s'écria la sœur, c'est vous ? — Oui,
« ma sœur, c'est bien moi, je vais à la messe,

« je suis guérie. — Et qu'est-ce donc qui vous a
« guérie si vite ? — C'est la sainte Vierge, je vais
« la remercier. »

Mme Péron jouit depuis d'une santé parfaite.

La sainte Vierge ne se contenta pas de bénir
la mère, elle guérit aussi une de ses petites filles,
qui avait six ans et demi.

Cette enfant, très intelligente, n'était pas
sourde-muette, mais elle avait un défaut de nais-
sance dans la langue qui l'empêchait de parler.
Les plus habiles praticiens avaient renoncé à la
guérir. Sa mère lui mit une médaille au cou et
commença une neuvaine. Quelques jours après,
la petite fille se mit à parler très distinctement,
à ce point que ceux qui la connaissaient en furent
émerveillés et ne pouvaient s'empêcher de dire :
« A la bonne heure ! en voilà un bon miracle,
une guérison subite, et d'un défaut de nais-
sance ! »

Un invalide, sur le point de mourir, refusait
obstinément les secours de la religion ; la sœur
mit une médaille entre ses mains sans qu'il s'en
aperçût. Aussitôt le malade se sentit plus tranquille ; le lendemain il demanda un prêtre. Ayant
su par la sœur qu'il avait une médaille de la
sainte Vierge dans son lit, il comprit pourquoi

il avait senti ce bien-être. Il voulut que la sœur la lui plaçât à côté de sa croix d'honneur, et il mourut quelques jours après dans d'excellents sentiments.

M. Fermin, prêtre de Saint-Sulpice, a fait un rapport détaillé d'une guérison d'estomac et de poitrine, dont il a été favorisé par la médaille miraculeuse.

A Limoges, c'est Mlle Joubert qui a un bras paralysé depuis plusieurs mois et qui est subitement guérie par la précieuse médaille. L'autorité diocésaine a reconnu l'authenticité de ce miracle.

Mme Lebon, de Dijon, ne marchait plus depuis vingt ans par suite d'un abcès dans les intestins, et différentes complications survinrent qui la réduisirent dans un tel état de faiblesse, qu'au 1er décembre 1834 elle pouvait demeurer à peine trois ou quatre heures hors du lit; tout le monde croyait sa fin très prochaine.

On lui parla de la médaille miraculeuse, ce fut pour elle l'étoile de l'espérance.

Le 2 février 1835, fête de la Purification, portant cette médaille, elle se fit transporter à l'église en voiture... Mais laissons parler Mme Lebon:

« Ma fille, seule confidente de ce que j'allais faire, me conduisit à l'autel de la sainte Vierge, où, après avoir entendu la sainte messe tant bien que mal à cause de ma grande faiblesse, je reçus la sainte communion; à peine eus-je fait à genoux un acte d'adoration, que je fus obligée de m'asseoir. La sœur de charité, qui se trouvait là sans que je le sache, me mit la médaille au cou. Aussitôt je me remis à genoux pour prier la Mère des affligés de demander à son divin Fils la santé pour moi, si elle devait servir à la gloire de Dieu et à la sienne, à mon salut et au bonheur de mon mari et de mes enfants. A peine avais-je prononcé ce peu de paroles et prié le Seigneur d'exaucer la prière de sa sainte Mère, Marie avait demandé, et Dieu dans sa miséricorde avait accordé... J'étais guérie, radicalement guérie. »

A Castera-les-Bains (Gers), c'est un vieillard qui, sur le point de mourir, refuse tout secours de la religion, affichant son impiété avec ostentation. On lui met dans son lit, sans qu'il s'en doute, une médaille; le lendemain, semblant se réveiller d'un profond sommeil, il réclame le prêtre à cor et à cri et meurt dans d'excellents sentiments de piété et de repentir.

Dans la Somme, à Hangest, Mlle Rosalie Morvillers était épileptique à tel point que la simple vue d'une physionomie qui ne lui était pas familière suffisait pour la jeter dans des convulsions de plusieurs heures. Indépendamment de toute cause extérieure, ces crises se renouvelaient ordinairement trois fois le jour, mais avec tant de fureur qu'on avait peine à la contenir dans la chambre; elle poussait des cris effrayants, son visage se contractait d'une manière horrible, il sortait de sa bouche une écume dégoûtante.

D'après ces détails on peut voir que Rosalie Morvillers était une épileptique extraordinaire.

Elle reçut avec effusion et confiance une médaille miraculeuse; elle conçut le désir ardent de faire une neuvaine. Le 17 mai, elle fut transportée à l'église pour clôturer sa neuvaine par la sainte communion. Rentrée chez elle, elle eut alors une crise tellement violente qu'on n'en avait encore point vu de pareille. Puis elle eut l'air de s'assoupir quelques secondes seulement; elle se réveilla en souriant et en disant :

« Je suis guérie! Je suis guérie! La sainte Vierge vient de me délivrer du mal caduc. Oh! qu'elle est bonne! Oh! qu'elle est puissante! Il me semble que mon corps vient d'éprouver une révolution générale. Soyez sûrs, mes amis, que ce mal ne m'arrivera plus jamais. »

VIII

Guérisons miraculeuses à l'étranger.

Nous aurions pu raconter bien d'autres faits miraculeux obtenus par la médaille de l'Immaculée-Conception ; mais nous avons pensé que la preuve de la puissance de ce précieux talisman que nous a donné la sainte Vierge serait complètement achevée quand nous aurons mentionné succinctement les grâces que la divine Mère a répandues dans l'univers entier sur ceux qui lui ont présenté sa médaille, cette clef de sûreté qui ouvre si bien son cœur.

Sans doute la sainte Vierge a multiplié ses faveurs à la France ; néanmoins, par ce que nous allons énumérer rapidement, on verra que cette bonne Mère a reçu favorablement les prières des autres parties du monde.

En Suisse :

1° Une femme malade depuis fort longtemps, ayant reçu avec dévotion la médaille miraculeuse, dit à son mari le lendemain : « Je me lève pour préparer ton repas. » Ce qu'elle fait au grand étonnement de son mari, qui tout d'abord la traite de folle.

2° La médaille est appliquée le soir sur un enfant de six ans, qui, atteint de convulsions, était mourant. L'enfant s'endort, le lendemain il est guéri.

3° Un autre enfant de cinq ans, pris de fièvre, est guéri par le contact de la médaille.

4° Un moribond n'a consenti à se confesser qu'après avoir accepté une médaille.

5° Trois fortes têtes d'un village s'obstinaient à se tenir éloignés des exercices d'une mission qui se donnait dans la paroisse. Un des missionnaires parvint à leur donner une médaille. Ils furent immédiatement transformés et furent pleins de zèle et d'édification.

En Turquie :

A Angora, un vieillard perclus de tous ses membres depuis plusieurs années et étant dans la détresse demandait la mort. Plein de confiance en la sainte Vierge (il était chrétien de l'Arménie,) il entendit parler de la médaille; on put la lui procurer, il la baisa avec effusion, l'appliqua sur ses membres malades. Il fut guéri radicalement.

Grâce encore à la médaille miraculeuse, une jeune femme fut guérie de douleurs très violentes dans le côté, qui l'empêchaient de se mouvoir et que les médecins avaient renoncé à soigner.

En Italie :

A Bologne, un jeune homme vivait criminellement dans la luxure et était fort endurci dans son vice. Il fut attaqué d'une pulmonie très grave; sollicité de revenir à Dieu, il opposa tout d'abord une résistance qui semblait invincible. M. le curé lui mit sous son oreiller, et sans qu'il s'en aperçût, une médaille miraculeuse; dès le lendemain ce jeune homme réclama de lui-même le prêtre; il se réconcilia avec ses parents, dont il était éloigné depuis ses débordements. Des obstacles légitimes s'opposant à la régularisation de son union avec sa compagne, celle-ci bénévolement le quitta. La tranquillité d'esprit et la joie d'avoir cessé cette vie irrégulière eurent une influence si heureuse, que le malade revint complètement à la santé.

A Naples, c'est M. Joseph Cocchia qui est guéri

d'une maladie incurable, qui venait de se déclarer.

A Naples encore, le jeune de Magistrio est totalement perdu ; on vient de lui administrer les derniers sacrements, les parents sont dans la plus grande désolation. Ils entendent parler de la médaille miraculeuse, et on leur dit que les prêtres de la congrégation de la Mission viennent d'en recevoir. Aussitôt ils vont en demander une, qu'ils appliquent sur le malade en récitant avec confiance l'*Ave maris stella*; ils font une neuvaine à la suite de laquelle le malade est complètement guéri.

A l'hôpital de Cava, un jeune militaire, pour se soustraire aux sollicitations des religieuses, s'était fait porter comme israélite. La maladie s'accentuant, la religieuse de service lui donna une médaille, qu'il accepta par politesse, mais qui pour lui ne fut qu'un jouet. Le mal empirait ; sentant sa fin prochaine, il demanda un prêtre, fit publiquement sa profession de foi, et mourut dans d'excellents sentiments de piété à la deuxième onction du suprême sacrement.

A l'hôpital de Palerme, en 1866, c'est un militaire qui venait d'être amputé du bras gauche ; il manifestait une impiété, qui allait jusqu'à la rage. La sœur qui le soignait lui glissa une médaille dans le bandage qu'elle appliquait à son moignon. Tout aussitôt ce tigre devint l'agneau le plus doux, et il mourut en disant à ses camarades : « Voyez comme le bon Dieu est bon ! J'ai commis tant de péchés, et il m'a tout pardonné!»

Si nous ne voulions nous borner, nous aurions à raconter bien d'autres grâces temporelles et spirituelles, bien d'autres faits merveilleux obtenus par la médaille miraculeuse, au Texas, au Pérou, aux États-Unis, en Chine, en Hollande, en Autriche, dans tout l'univers.

C'est encore à la guerre, dans les ambulances, parmi les pauvres blessés, que la sainte Vierge prodigue ses bénédictions et ses grâces à ceux qui se présentent à elle par la pensée en tenant la médaille dont elle-même a fixé le modèle, et que l'on peut appeler son bijou de prédilection. Que de pauvres blessés consolés, réconfortés, soulagés et même guéris par le contact, la vue de l'image bénie! On peut dire que la charité et la médaille miraculeuse sont les deux seuls moyens qu'emploient les religieuses et les prêtres ambulanciers pour secourir les malheureuses victimes de la guerre.

Et maintenant racontons la conversion éclatante et vraiment miraculeuse de M. Ratisbonne.

5*

IX

Conversion de M. Ratisbonne.

La famille Ratisbonne était une des plus marquantes de l'Alsace; elle résidait à Strasbourg. Elle appartenait à la religion juive, et se faisait remarquer par la sincérité, l'ardeur de sa croyance et son zèle à pratiquer les lois prescrites.

Un des fils, à la suite d'études sérieuses et approfondies, abjura le judaïsme, se fit catholique et devint même prêtre de Jésus-Christ, remarquable par son zèle apostolique.

Le pieux ecclésiastique professa pour Marie un culte particulier; il fut sous-directeur de l'archiconfrérie de Notre-Dame-des-Victoires et fonda la communauté des religieuses de Sion consacrées à la conversion des juifs.

Alphonse, son frère, très attaché à la foi de

ses pères, conçut pour son frère, qu'il appelait renégat, une violente haine.

Une promesse de mariage avec une juive de marque ayant été conclue, il voulut faire un voyage dans différents pays étrangers avant de se marier, ce que l'on appelle *enterrer sa vie de garçon*.

Visitant l'Italie, il avait exclu Rome de son itinéraire; il en redoutait l'air, suivant lui trop imprégné de catholicisme; il y fut cependant conduit par une force dont il ne se rendit pas compte.

A Rome, il connaissait très particulièrement un M. Théodore de Bussière, qui habitait une maison somptueuse avec son frère Gustave.

Bizarrerie des circonstances, autant Théodore était fervent protestant, autant Gustave était fervent catholique.

Théodore faisait tous ses efforts pour amener son ami à abjurer le judaïsme; mais il fut obligé d'y renoncer.

Après quelques jours passés dans la capitale du monde catholique, M. Ratisbonne se rendit au palais de MM. de Bussière pour faire ses adieux.

Grâce à une confusion, que l'on peut regarder comme providentielle et bien voulue de Dieu, le visiteur n'ayant pas spécifié lequel des deux MM. de Bussière il demandait, le domestique l'accompagna vers M. Gustave, qui du reste, à ce moment, se trouvait seul à la maison.

En homme bien élevé, M. Ratisbonne se tira fort courtoisement de ce petit imbroglio, la conversation s'engagea donc avec M. Gustave. Bientôt on arriva sur le terrain de la controverse religieuse, et, malgré la force des arguments de M. de Bussière, M. Ratisbonne s'obstinait à se maintenir dans sa fidélité à la foi de ses pères.

Comme dernier moyen, M. de Bussière fit à son distingué, mais opiniâtre visiteur la proposition suivante :

« Puisque vous ne croyez ni à Jésus-Christ ni à la sainte Vierge, sa Mère, cette médaille miraculeuse (il lui montrait la médaille miraculeuse) ne doit avoir d'autre valeur que celle du métal. Eh bien! j'espère pour cette raison que vous n'allez pas me refuser ce que je vais vous demander : tout simplement de porter cette médaille suspendue à votre cou. »

En souriant de pitié ou de mépris, mais pour ne pas désobliger son aimable et distingué interlocuteur, le jeune Alphonse consentit.

Enhardi, M. de Bussière dit au jeune homme :

« Ce n'est pas tout, voici une prière pas trop longue, le *Memorare,* faites-moi le plaisir de l'accepter ; mais comme c'est le seul exemplaire que j'ai, je vous serai reconnaissant d'en faire une copie (moyen adroit et certain de la lui faire lire), que vous me donnerez, et vous garderez l'exemplaire que vous avez. »

C'était évidemment une inspiration de la sainte Vierge.

M. Alphonse consentit encore ; c'était merveilleux.

M. de Bussière, voyant qu'il était en bonne voie, ne voulut pas s'arrêter, il alla plus loin. Il prit le jeune homme affectueusement par le bras, et lui dit : « Et maintenant vous allez me promettre de la lire une fois par jour pendant neuf jours. »

Le jeune homme répondit en riant : « Oh ! mon Dieu, que je lise ça ou autre chose, cela m'est égal. Puisque cela vous amuse, je puis bien vous faire cette concession. »

Il prit le papier, et le lendemain il en remit la copie à M. de Bussière.

Ce ne fut pas tout ; il dut accepter la compagnie de son nouvel ami dans ses visites aux monuments de Rome.

Entre temps, M. de Bussière eut la douleur de perdre un de ses très bons amis, M. de la Ferronnays.

Se rendant à l'église de Saint-André *delle Fratte* pour régler les derniers détails des funérailles, qui devaient avoir lieu le lendemain, il rencontre en chemin M. Ratisbonne, et l'emmène avec lui.

Ayant fini de donner ses ordres, au moment de se retirer, il pria son compagnon de l'attendre quelques minutes, le temps d'aller dire deux ou trois mots au supérieur du couvent.

Il laisse M. Ratisbonne près de l'autel du côté de l'épître. Quand il revient, au bout d'une douzaine de minutes, il ne retrouve pas son ami à la place où il l'avait laissé; il finit par l'apercevoir au côté gauche de l'église. Il était prosterné dans une attitude profondément recueillie (ici nous copions M. Aladel pour ne pas nous égarer).

A peine pouvait-il en croire ses yeux, et cependant il ne se trompait point.

C'était dans la chapelle de l'archange Saint-Michel que le prince des ténèbres venait d'être terrassé une fois de plus. Le jeune juif était vaincu.

M. de Bussière s'approche; mais il n'est point

entendu. Il touche son ami; mais il ne peut le distraire. Il le touche une seconde fois, même silence; il réitère trois ou quatre fois, et enfin M. Ratisbonne se détourne pour répondre à M. de Bussière.

Il le regarde, et son visage baigné de larmes et son impuissance à exprimer ce qui s'est passé, et ses mains jointes avec piété décèlent en partie le secret du ciel : « Oh! comme M. de la Ferronnays a prié pour moi! » s'écrie-t-il alors sans ajouter un seul mot.

M. de Bussière était sous l'impression de la plus consolante surprise qui fut jamais. Il ne pouvait se dissimuler que le bandeau de l'erreur était tombé. Il éprouvait l'émotion de la plus vive reconnaissance envers Dieu.

Il relève son ami, que la faveur du ciel a comme accablé. Il le prend, il l'emporte en quelque sorte hors de l'église, il brûle de savoir des détails, il demande à M. Ratisbonne de lui dévoiler le mys-tère, il le supplie de lui dire où il veut aller. « Conduisez-moi où vous voudrez, dit le nouveau saint Paul, après ce que j'ai vu j'obéis. »

Ne pouvant en dire davantage, il tire la médaille qu'il portait depuis quatre jours sur son cœur, il la prend dans ses mains, la couvre de baisers, l'arrose d'abondantes larmes, il demande à son ami s'il n'est pas fou. Puis, se répondant à lui-même : « Mais non, je ne suis pas fou, je sais bien ce que je pense et ce qui se passe au dedans de moi. Je sais que je suis dans mon bon sens. Tout le monde, d'ailleurs, sait bien que je ne suis pas fou. »

Il demande ensuite à être conduit aux pieds d'un prêtre, car il veut solliciter la grâce du saint baptême.

M. de Bussière le conduisit à la maison du *Gesù* auprès du R. P. de Villefort, qui l'accueillit les bras ouverts. Là, en présence de M. de Bussière, le bon jeune homme prend en mains sa médaille, la couvre de respectueux baisers, mêlés d'une nouvelle abondance de larmes, et s'écrie : « Je l'ai vue ! je l'ai vue ! » Et il fait alors le récit suivant :

« J'étais depuis un instant dans l'église, lorsque tout d'un coup je me suis senti saisi d'un trouble inexprimable. J'ai levé les yeux, tout l'édifice avait disparu à mes regards. Une seule chapelle avait, pour ainsi dire, concentré toute la lumière, et, au milieu de ce rayonnement, a paru, debout sur l'autel, grande, brillante, pleine de majesté et de douceur, la Vierge Marie, telle qu'elle est sur ma médaille.

« Une force irrésistible m'a poussé vers elle, la Vierge m'a fait signe de la main de m'age-nouiller, elle a semblé me dire : « C'est bien. » Elle ne m'a point parlé ; mais j'ai tout compris. »

Dès le lendemain, le bruit de la merveilleuse conversion se répandait dans Rome. On était avide de nouvelles, on recueillait avec une pieuse curiosité les diverses circonstances qui transpiraient dans le public. On voulait voir le nouveau converti, on souhaitait l'entendre.

Le général Chablouski parvint à pénétrer jusque dans la maison de M. de Bussière, et abordant le nouveau converti : « Vous avez donc vu l'image de la sainte Vierge? lui dit-il ; racontez-moi comment. »

L'heureux privilégié l'interrompit aussitôt : « L'image?... répondit-il, ah! c'est elle-même que j'ai vue, oui, monsieur, elle-même en réalité, comme je vous vois là. »

Nous n'ajouterons plus un mot à ce récit ; il est assez éloquent par lui-même.

Tout ce qu'il nous reste à dire sur ce sujet émouvant, c'est que Théodore et Alphonse Ratis-bonne, les deux frères, ont été d'ardents et zélés serviteurs de Marie.

X

Récit d'un guerrier.

Étant allé faire une prière à Notre-Dame-des-Victoires, nous rencontrâmes, il y a quelques années, un colonel d'infanterie que nous avions connu quelque trente ans auparavant, alors qu'il était simple sous-lieutenant en garnison dans la ville que nous habitions. C'était à cette époque le jeune homme, au point de vue des mœurs et de la religion, le plus dévergondé et le plus impie du monde. Nous l'avions particulièrement connu ; mais un changement de garnison qui survint, suivant les règlements militaires alors en vigueur, nous le fit perdre de vue, à ce point que, n'entendant plus parler de lui, nous pensions qu'il était mort dans une des guerres que nous avons eues à soutenir.

Grande fut notre surprise de le rencontrer après

de si longues années et surtout de le rencontrer dans une église, lui que nous avions connu le voltairien le plus fieffé qu'on puisse imaginer.

Nos regards se portent mutuellement sur nous, nous nous reconnaissons. Tout naturellement nous faisons une respectueuse révérence à la sainte Vierge, qui certainement dut nous excuser de nous voir la quitter si brusquement, et nous sortons.

Après les exclamations d'étonnement et, il faut le dire, de grande joie de nous revoir si fortuitement dans Paris et dans des circonstances si étranges, tout en nous dirigeant vers les boulevards pour nous installer à la terrasse d'un café, afin de causer du temps passé, notre ancien sous-lieutenant commence à nous raconter sa vie, ce qui nous a fort intéressé, car elle avait été très mouvementée.

Après avoir fait le récit de ses faits et gestes militaires et nous avoir dit qu'il venait de prendre sa retraite comme colonel, il nous fit à brûle-pourpoint cette interrogation :

« Cela a dû vous étonner de me voir à l'église, hein ! mon vieil ami ?

— Oui, beaucoup ; mais ma surprise a été bien agréable ; car vous n'étiez pas là en simple curieux; mais, par votre attitude recueillie, on voit que vous êtes un pieux serviteur de la sainte Vierge.

— Ah! c'est que je lui dois une fameuse chandelle. C'est bien grâce à elle si vous me voyez en vie et si nous causons ainsi en plein boulevard parisien. »

Et alors notre ancien ami se met à nous faire le récit suivant en un langage plein de rondeur militaire et d'humour d'homme d'esprit.

« Ah ! mon vieil ami, sous le rapport religieux, je viens de loin, de très loin même. Je ne suis plus ce petit sous-lieutenant cascadeur et impie que vous avez connu jadis.

« Mais à cette époque-là j'étais un peu excusable.

« Mon père était un chaud cocardier de la révolution de 1830 [1] ; il n'assista pas et ne prit aucune part aux *trois glorieuses*, parce qu'il tenait trop à sa peau et qu'il ne voulait pas l'exposer à un accident ; mais une fois le danger passé, comme il aimait beaucoup le panache, il mit tout en œuvre pour être nommé capitaine dans la garde nationale. Ce qu'il obtint assez facilement, grâce

---

[1] Nous n'entendons avoir ici aucune tendance politique; nous nous contentons de rapporter aussi fidèlement que nous pouvons le langage pittoresque de notre ami.

à ses manifestations tapageuses contre la religion, le billet de confession et le gouvernement des curés. Aussi, comme M. Prudhomme, son sabre, le jour où, pour la première fois, il le sortit du fourreau pour marcher à la tête de sa compagnie lors d'une parade, son sabre fut le plus beau jour de sa vie. »

Nous nous mîmes à rire l'un et l'autre.

« Vous pouvez penser dès lors quelle éducation je reçus. Mon père me mit tout naturellement au collège. Pour me présenter au principal, il se mit en uniforme, et il eut bien soin de lui recommander de ne pas me farcir la tête de mômeries religieuses. Sous ce rapport il eut ample satisfaction ; aussi devins-je le garçon que vous avez connu.

« Ma mère était douce comme un ange et pieuse comme un séraphin ; elle gémissait profondément de voir mon père dans ces idées. Elle m'aimait beaucoup et je le lui rendais bien, car j'avais un culte pour elle.

« Quand, mes classes terminées, je fus sur le point d'entrer dans la carrière des armes, ma mère, un jour que nous n'étions que tous les deux, m'entoura le cou de son bras droit et m'embrassa avec tendresse.

« — Charles, me dit-elle, m'aimes-tu autant que je t'aime ?

« — Oh ! maman ! je ne sais pas comment vous m'aimez ; mais je sens que moi, je vous aime de tout mon cœur.

« — Es-tu disposé à me faire plaisir ?

« — Je suis prêt à tout ce que vous demanderez.

« — Eh bien ! ce que je désire de toi, tu peux me l'accorder, si tu m'aimes de tout ton cœur comme tu me le dis. »

« Elle ouvre le tiroir de sa table à ouvrage, en sort une médaille de la sainte Vierge de la grandeur d'une pièce de deux francs (si nous n'étions pas dans la rue, je vous la montrerais, je l'ai là sur la poitrine) ; cette médaille portait un cordon de soie bleue pour la suspendre.

« — Laisse-moi faire, » continue ma mère.

« Et, en disant cela, elle déboutonne le col de ma chemise, me passe le cordon au cou et fait glisser la médaille de manière à ce qu'elle se trouve sur ma poitrine ; elle la baise, et, après avoir elle-même reconstitué ma toilette, elle me dit en me prenant les mains et en les tenant sur ses genoux (je la trouvais à ce moment-là admirablement belle) :

« — Charles, tu vas partir, tu vas être exposé à mille dangers, promets-moi de ne jamais quitter cette médaille. N'oublie pas que c'est une cuirasse qui protégera ta poitrine. Je sais que si tu la portes toujours, ta vie sera sauve. »

« Elle attendait ma réponse. Je la lui fais attendre. Elle me prend par le cou et me couvre de baisers en me disant :

« — Charles, promets-le-moi ? »

« Cette voix douce comme du miel que j'entendais, ces beaux yeux pleins de feu, cette physionomie si belle d'expression...

« ... Enfin, mon cher ami, je ne sais pas ce qui se passa en moi, mais je me sentis remué et je promis à ma mère. Moi, quand je promets quelque chose, c'est un serment sacré, je le tiens, et celui-là je l'ai tenu. Je promis à ma mère de ne jamais quitter cette médaille, et je puis dire que j'ai tenu ma promesse.

« Eh bien ! ma mère ne m'a pas menti. Deux fois, coup sur coup, dans un engagement elle m'a sauvé la vie.

« C'était en Crimée. Je me trouvai dans une reconnaissance en face d'un sous-officier russe ; naturellement un corps à corps s'ensuivit ; le sergent, la baïonnette au fusil, fond et pointe sur moi en pleine poitrine,... rien ; tout aussitôt, pan ! je reçois un coup de fusil en pleine poitrine,... rien ! D'un coup de pistolet j'abats mon homme,... tué raide. Tout cela s'est fait plus vite que je ne le raconte.

« Je sentais quelque chose sur la poitrine qui me gênait un peu, comme je n'étais pas éloigné de ma compagnie, je gagnai ma tente pour voir ce que j'avais.

« O surprise ! quand je déboutonnai ma tunique, je sentis que ma médaille fit un mouvement, je vérifiai : voilà que je vis à la hauteur du sein gauche l'empreinte de la médaille sur ma peau ; elle était à cinq ou six centimètres au-dessus de sa position normale.

« Immédiatement je me rendis compte de ce qui venait de se passer, et voici l'explication toute naturelle :

« Le coup de baïonnette a porté sur la médaille, qui sous le choc a dévié en haut de cinq centimètres, et la balle que j'ai reçue a porté encore sur la médaille en la collant à ma peau qui en a gardé l'empreinte.

« Vous devez m'estimer assez, mon vieil ami, pour croire que je n'ai jamais été un capon ; le danger et la mort ne m'ont jamais fait peur.

Cependant, vous l'avouerai-je, un tremblement nerveux m'a pris quand j'ai été au courant de tout; ma pensée est allée directement à ma mère, et je me suis souvenu de ce qu'elle me dit : « C'est « une cuirasse qui protégera ta vie. »

« Impossible de le nier, la sainte Vierge m'a évidemment protégé.

« De ce jour-là je me suis rapproché de Dieu, et je suis devenu le serviteur dévoué et aimant de Celle qui du haut du ciel m'a sauvé la vie à la prière de ma mère. »

Nous n'ajouterons rien à ce récit.

XI

Nouvelles faveurs.

Voici un fait qui s'est passé à l'hôpital de Beu-
then, dans la Pologne prussienne, hôpital des-
servi par les Filles de la Charité.

On amena un jour un jeune homme qui, atteint
d'une affection incurable, n'avait plus que
quelques jours à vivre, les médecins s'étaient
catégoriquement prononcés. Ce jeune homme
était bien le plus franc mauvais sujet et le garçon
le plus impie qu'on puisse imaginer. Il affectait
surtout de manifester son impiété quand il sup-
posait que des personnes croyantes l'entendaient,
et il la faisait éclater avec une violence inouïe
lorsqu'il était en présence de religieux ou religieuses. On peut dire qu'il avait alors des accès
diaboliques.

A son arrivée, les religieuses furent prévenues

de l'état d'âme de leur nouveau pensionnaire; ce fut pour elles une conquête à faire à Dieu. La sœur de salle, qui l'avait dans son service, commença à faire le siège de cette forteresse de l'impiété. A la première attaque elle comprit que, seule, elle se briserait sans faire la moindre brèche. Et cependant il fallait agir vigoureusement, car la maladie faisait des progrès sérieux.

« Puisque vous ne voulez pas m'écouter, dit la sœur, je vais aller chercher ma sœur supérieure, qui vous grondera. »

A cette menace le malade répondit :

« Qu'elle vienne! Quand elle me dirait de me pendre, je lui obéirai; mais pour ce qui est de me confesser, elle aura beau dire, je n'en ferai rien. »

Cette réponse donne exactement la mesure de l'entêtement et de l'esprit de contradiction de l'homme.

La bonne religieuse, remplie d'émotion, va rapporter cette réponse à la sœur supérieure.

« Lui avez-vous donné une médaille miraculeuse? demanda-t-elle à sa compagne.

— Oh! je n'ai même pas essayé, il me l'aurait jetée à la figure.

— Retournez auprès de lui, présentez-lui une médaille; s'il la refuse, vous vous arrangerez pour la lui glisser sous son oreiller. En lui présentant la médaille vous lui direz simplement ceci : Voilà ce que la mère supérieure vous envoie, elle avait projet de venir vous voir pour vous engager à recevoir un prêtre et à vous réconcilier avec le bon Dieu ; mais vous n'êtes pas assez sage, vous ne méritez pas cet honneur.

« Allez, ma sœur, lui porter cette réponse. Moi, je vais prier pour lui. »

Comme on dit familièrement, la supérieure venait de trouver le joint.

Aussitôt la religieuse partie, elle se met à genoux et récite avec ferveur le *Memorare*.

La sœur arrive près du malade.

« Tenez, lui dit-elle, voilà ce que la mère supérieure vous envoie, si vous voulez le prendre ; et ensuite elle m'a chargée de vous dire qu'elle ne viendrait pas vous voir et qu'elle ne voulait pas que vous vous confessiez, parce que vous ne le méritez pas. »

Le malade répond sur un ton vif, voisin de la colère :

« Ah ! vraiment ! Je voudrais bien voir cela, que la sœur supérieure m'empêche de me confesser ? De quel droit ? Eh bien ! puisqu'il en est ainsi, moi je veux me confesser. »

La sœur, les yeux baignés de larmes de joie, retourne vers la supérieure lui raconter ce qui se passe.

« Comme il n'est pas en danger immédiat, dit cette dernière, ne lui envoyons pas immédiatement M. l'aumônier. Nous verrons si son désir est sincère, et, vu son caractère de contradiction, plus l'aumônier retardera sa visite, plus il le désirera. »

Il en fut fait ainsi. Le lendemain, sur les instances pressantes et renouvelées plusieurs fois du malade et sur l'avis de la supérieure, M. l'aumônier se rendit près de lui. Le jeune homme lui fit un accueil empressé, il se confessa, reçut avec une grande dévotion la sainte communion, et mourut huit jours après dans des sentiments de piété qui édifièrent tous ceux qui en furent les témoins.

Tout le monde sait que les protestants refusent tout espèce de culte à la Mère de Notre-Seigneur Jésus-Christ. Non seulement ils la considèrent comme une femme ordinaire ; mais encore, souvent, ils adressent aux catholiques de violentes récriminations et dirigent contre eux des attaques de toute nature, parce qu'ils honorent la sainte Vierge. Ils lui refusent toutes les prérogatives que la doctrine catholique lui reconnaît.

D'après cela on pourrait croire que la médaille miraculeuse ne peut exercer aucune influence sur les disciples de Luther et de Calvin. De nombreux faits prouvent qu'il n'en est pas ainsi. Nous n'en citerons que quelques-uns de ceux qui sont à notre connaissance.

N'est-il pas tout naturel, en effet, puisque la sainte Vierge a donné à sa médaille le pouvoir de ramener à Dieu ceux qui en sont éloignés, n'est-il pas naturel, disons-nous, qu'elle exerce son influence sur ceux qui en ont le plus besoin ?

A l'hôpital de la Charité de la Nouvelle-Orléans, aux États-Unis, on se rappelle plusieurs conversions de protestants qui ne peuvent s'expliquer que par l'intervention de la précieuse médaille.

En 1865, parmi les pensionnaires de cet hôpital, il y avait un de ces adeptes de l'erreur de Luther, qui était très obstiné dans sa croyance. La sœur préposée au service de la salle tenta plusieurs fois, mais en vain, de l'instruire et de lui faire comprendre qu'il était loin de la vérité. Elle avait l'espoir d'arriver à le faire baptiser. Plus elle s'appliquait à l'éclairer, plus il s'obstinait à fermer les yeux à la lumière, car il est écrit : « Il n'y a personne de plus sourd que celui qui ne veut pas entendre, et de plus aveugle que celui qui ferme les yeux pour ne point voir. »

S'apercevant que paroles et raisonnements n'avaient sur cet obstiné aucune influence, la bonne religieuse lui présenta une médaille. Comme vous pouvez le penser, tout d'abord le monsieur se mit à sourire... de pitié pour la sœur, qu'il trouvait très naïve, et de mépris pour l'objet en lui-même, qui pour lui n'était autre chose qu'une petite plaque de cuivre portant l'image d'une femme quelconque.

Néanmoins, comme il avait une certaine éducation et surtout de la reconnaissance pour les soins qu'il en recevait, il ne voulut pas contrarier la bonne sœur; il accepta ce morceau de cuivre et le posa nonchalamment sur sa table. Aussitôt que la sœur se fut retirée, il glissa la médaille sous sa bible pour ne pas la voir, se promettant de la mettre en évidence chaque fois qu'il verrait arriver la sœur près de lui.

La première fois que la religieuse entra dans la chambre de son néophyte, *in petto*, pour la mettre en ordre, elle ne vit pas la médaille; mais en soulevant le livre, sous prétexte d'épousseter le bureau, elle la vit sous la bible; comme bien vous pensez, elle se garda de rien déranger.

Elle fit part de tous ces détails à la sœur supérieure, qui lui dicta la conduite à tenir :

« C'est un homme éclairé, dit-elle, par conséquent il n'y a plus rien à lui dire. Il faut laisser faire l'action de la médaille; nous n'avons, vous comme moi, qu'à prier pour que la sainte Vierge fasse le reste. »

Cependant l'état du malade s'aggravait. Une nuit qu'il souffrait cruellement, il aperçut une grande lumière autour de son lit, tandis que le reste de la salle était dans une obscurité complète. Très étonné, il parvint à se lever, malgré sa faiblesse, et à monter le bec de gaz pour se rendre compte de cette lumière étrange. Ne trouvant rien, il rentra dans son lit, et quelques moments après il vit que les rayons lumineux s'échappaient de la médaille. Il la prit alors dans ses mains et la garda ainsi le reste de la nuit. Dès que sonna la cloche qui éveille les sœurs, à quatre heures, il appela l'infirmier, le priant d'aller dire à la sœur qu'il voulait être baptisé.

On avertit immédiatement M. l'aumônier, qui s'écria : « C'est impossible ! » car ayant entretenu souvent le malade, il savait quels étaient ses sentiments. Néanmoins il se rendit auprès de lui et le trouva parfaitement disposé à profiter de son ministère. Il lui administra les derniers sacrements, et peu après ce pauvre homme mourut en bénissant Dieu et la sainte Vierge des grâces dont il avait été favorisé.

Peu de jours après et dans le même hôpital, une malheureuse jeune fille arriva pour être soignée d'une maladie grave. La conduite de cette fille était absolument scandaleuse depuis de longues années. Tout naturellement ce n'était pas de l'indifférence qu'elle avait pour la religion, c'était une haine féroce à laquelle volontiers elle donnait libre cours. La vue d'une cérémonie ou d'un objet religieux la mettait dans des fureurs violentes; elle criblait d'injures grossières les religieuses, qui pourtant lui témoignaient beaucoup d'égards; elle allait même jusqu'à leur cracher à la figure. Elle se disait de la religion protestante, la vérité est qu'elle ne pratiquait aucune religion, qu'elle n'avait jamais pratiqué que le vice.

Pour les généreuses Filles de la Charité, c'était une nouvelle conquête à faire. Elles n'y manquèrent pas, et la victoire vint couronner leurs efforts.

Voyant cette malheureuse fille si éloignée de Dieu, et néanmoins inévitablement condamnée,

C*

la sœur chargée de la soigner, désespérant de lui faire accepter la médaille de la sainte Vierge, eut la pensée de la mettre, à son insu, entre ses deux matelas. Deux ou trois jours après, la sœur alla, comme tous les matins, savoir comment elle avait passé la nuit et comment elle se sentait. Elle trouva sa malade assise sur son lit ; elle tenait en main la médaille et la couvrait de baisers.

Toute surprise, la sœur lui demande de qui elle tenait cette médaille. La malade répond qu'elle l'a trouvée entre ses deux matelas ; elle déclare fermement qu'elle veut être baptisée, ce qui lui fut accordé quand on la jugea suffisamment préparée ; et jusqu'à sa dernière heure elle persévéra dans ses bons sentiments.

Évidemment ce fut une nouvelle victoire remportée par la médaille miraculeuse.

Nos lecteurs se diront sans doute que la sainte Vierge affecte de répandre spécialement ses grâces sur des protestants. Nous n'avons pas cherché à vérifier le fait. Mais serait-il exact, que nous verrions là une preuve de plus de la bonté et de la sollicitude de la sainte Vierge pour les hommes, et cela corroborerait notre foi dans les mystérieuses prérogatives dont il a plu à Dieu de favoriser la Mère de son Fils.

Citons un dernier exemple :

A l'hôpital de Saint-Louis, aux États-Unis, arriva un M. Fisch, bien connu pour un ardent protestant ; et pour qu'il n'y eût aucun doute pour personne, il s'évertuait à manifester sa haine contre la religion catholique, ses ministres et autres personnes consacrées à Dieu. Ce M. Fisch était atteint d'une maladie de poitrine absolument incurable. De ses poumons, qui se gâtaient, s'échappait une odeur insupportable qui faisait fuir tout le monde ; on avait été obligé de l'isoler. Seuls l'aumônier et la religieuse (l'hôpital était servi par les Filles de la Charité) lui montraient assez de dévouement pour le soigner.

Les premiers jours de son arrivée, des essais de conversion furent tentés par les bonnes sœurs ; mais rapidement elles comprirent qu'il n'y avait rien à faire. Elles se contentèrent de mettre une médaille sous le traversin du malade. Il recevait régulièrement la visite du ministre protestant, qui, en se retirant, distribuait ses fameuses brochures. Cependant le mal s'aggravait rapidement. Un soir, M. Fisch était plus affaissé que jamais ; il souffrait horriblement et n'avait plus la force de pousser le moindre gémissement ; on croyait que c'était sa dernière nuit. Le lende-

main, d'un ton parfaitement tranquille, il dit :
« Je suis converti. » L'aumônier se présenta, le
malade l'accueillit avec plaisir et lui demanda de
le préparer au baptême. Peu de jours après, le
bon M. Fisch fut baptisé, reçut le saint viatique
et le sacrement de l'extrême-onction avec des
sentiments de piété qui édifièrent profondément
ceux qui en furent les témoins. Il fit la mort la
plus belle que l'on pût désirer.

A l'hôpital de Buffalo, encore aux États-Unis,
arriva une jeune fille d'une vingtaine d'années.
Elle était atteinte d'une gale horrible qui couvrait
son corps de la tête aux pieds. Comme vous pouvez le supposer, elle répandait autour d'elle une
odeur insupportable. Les médecins déclarèrent
son mal absolument incurable. Cette jeune fille
avait une haine profonde contre la religion catholique ; on était, du reste, à se demander si elle
avait une préférence même petite pour une religion quelconque.

Cependant la sœur qui la soignait se décida à la
questionner d'abord et à l'engager ensuite à recou-
rir à Dieu par la prière ; car Dieu seul pouvait la
guérir. Alors elle lui montra une médaille de la
sainte Vierge. La jeune fille, à cette vue, affecta
de rire aux grands éclats, en disant qu'elle ne

croyait pas à la sainte Vierge et à toutes ces bêtises.

La bonne religieuse fut grandement attristée de ces réponses impies. Elle ne se découragea cependant pas ; sans rien dire à sa malade, elle plaça l'image de la sainte Vierge sous son traversin et recommanda cette pauvre âme au *Refuge des pécheurs*.

Que se passa-t-il dans le for intérieur de cette jeune fille ? nous l'ignorons ; toujours est-il que trois ou quatre jours à peine furent-ils écoulés, que cette jeune impie demanda à être instruite de la religion, et, chose qui frappa les esprits tout particulièrement, c'est que la maladie dont elle était atteinte, et que les médecins avaient déclarée incurable, disparut complètement. La nouvelle de cette guérison se répandit rapidement non seulement dans la ville, mais encore dans la région, et tous ceux qui en eurent connaissance la regardèrent comme un miracle éclatant.

Nous bornerons là le récit des miracles obtenus de Dieu par la sainte Vierge à ceux qui ont porté sa médaille et qui l'ont invoquée avec confiance.

Toutefois nous n'avons parlé que des grâces accordées en temps de paix. Il nous reste à dire un mot de celles très nombreuses que la sainte Vierge a répandues sur les champs de bataille, là précisément où la mort fauche les malheureux combattants avec une rage qui ne se calme pas.

Depuis 1863, la célèbre convention de Genève, autrement dit la Croix-Rouge, est venue jeter une lueur consolatrice sur les champs de bataille. Des prêtres, des religieux et des religieuses, abrités sous la croix rouge par un accord intervenu entre quatorze nations de l'Europe, peuvent pénétrer dans les champs de bataille, soigner les blessés, soulager et consoler les mourants, et, dans une certaine mesure, ensevelir les morts.

Nous ne ferons pas ici l'éloge de ces vaillants ouvriers, hommes et femmes, de la charité chrétienne ; nous ne suivrons pas l'humble soutane du prêtre, la robe de bure et la cornette de la religieuse, qui, l'un comme l'autre, affrontent la mort, non pas pour la porter, mais pour en arrêter les horribles ravages autant qu'ils peuvent. Ce n'est pas le but de notre livre.

Nous voulons montrer par quelques faits que la médaille de l'Immaculée-Conception ne se contente pas de faire des miracles en temps de paix dans les hôpitaux et ailleurs; elle en fait aussi en temps de guerre sur les champs de bataille.

Voilà un extrait d'un rapport de M. Doumerq, fait en 1855 :

« Un soldat, blessé aux deux jambes à la bataille de l'Alma, reçut pendant plus de deux mois les soins des médecins et des sœurs sans que son mal diminuât. Les chirurgiens, désespérant de le sauver autrement, se décidèrent à l'amputer. On commença par la jambe la plus malade. Le sur-lendemain, il était dans un état désespéré. Il ne fut plus question d'amputer l'autre jambe; on eut recours aux seuls remèdes surnaturels. On fit des neuvaines à Marie immaculée, et dans peu de jours le malade se trouva mieux. Main-tenant il est guéri; il fait l'admiration de ses camarades par sa piété et ses bons exemples. »

Voilà ce qu'écrivait M. Boré à la date du 25 août 1855 :

« Parmi les prisonniers russes conduits à Cons-tantinople, à la suite du combat de la Tchernaïa, plusieurs portaient la médaille de l'Immaculée-Conception; je reconnus aussitôt à ce signe qu'ils étaient catholiques et Polonais.

« Un jeune lieutenant du 85e de ligne avait été blessé au crâne, et il avait déjà la gorge gangrenée quand on nous l'apporta (c'est toujours M. Boré qui parle). Il pouvait à peine articuler quelques mots. Nous nous sentions portés l'un vers l'autre par une secrète sympathie, et il acceptait de bon cœur les services que je lui rendais. Comme il baissait à vue d'œil, je lui parlai de la sainte Vierge et de la médaille passée à son cou. Il sourit en me serrant la main, et bientôt sa confession, pendant laquelle il recouvrait sa voix et ses forces, était terminée. Alors il ajouta : « Monsieur « l'abbé, j'ai un service à vous demander. — « Lequel, mon ami ? Parlez, je m'empresserai de « vous être agréable. — Veuillez avertir M. l'abbé « Boré que je suis ici et très malade. » Ces mots furent comme un glaive qui me transperçait le cœur, et cependant je pus lui répondre : « L'abbé « Boré, que vous demandez, est celui qui vous « parle. » Alors il leva vers moi ses yeux mouillés de larmes et, me serrant de nouveau la main : « Je suis, ajouta-t-il, le beau-frère de votre « cher ami M. Taconet, et le frère du capitaine « de zouaves que vous avez soigné il y a un an, « à Varna. » Je retrouvais donc en lui M. *Ferdinand Lefaivre*, qui m'avait été recommandé par une lettre pressante de M. Taconet, qu'on ne me remit qu'après sa mort. Mon ami m'y disait que, le 11 mai, il avait été entendre avec sa famille la messe à Notre-Dame-des-Victoires, et qu'il ne doutait pas que la sainte Vierge ne veillât sur cette vie si précieuse. En effet, la sainte Vierge l'appelait à elle, muni des sacrements, le jour même de son triomphe. »

D'une lettre de M. Turroque, nous lisons l'extrait suivant. Elle est datée du 16 juillet 1856 :

« Un violent incendie avait éclaté dans la ville de Salonique. Le feu arrive bientôt en face de la maison des sœurs, c'est-à-dire que les bâtiments vis-à-vis, de l'autre côté de la rue, à deux mètres de distance, sont atteints et dévorés par les flammes, que le vent continue à étendre en les activant. Déjà le toit de la maison des sœurs et celui de la maison voisine se couvrent d'une fumée épaisse. J'y jette aussitôt plusieurs médailles miraculeuses ; et, n'ayant aucun secours à espérer de personne, puisque le bruit qu'il reste encore de la poudre à côté a fait fuir tout le monde, je me retire. Il était inutile de m'exposer plus longtemps ; j'avais d'ailleurs à sauver un catholique à moitié ivre, qui persistait à vouloir rester auprès du feu.

« Peu après je retourne assister au triste spectacle de nos maisons en feu, que je vais sans doute trouver à moitié brûlées. J'approche, et voilà qu'un jeune homme m'arrête en chemin et me dit : « Monsieur, vos propriétés sont sauvées; « il n'y a pas même de danger pour la maison des « sœurs. » J'arrive là-dessus et me convaincs par mes propres yeux qu'il a dit vrai. Il me serait difficile de dépeindre ce qui se passa alors dans mon cœur. J'envoyai prévenir nos chères sœurs, qui ne pouvaient, pas plus que moi, croire à une telle merveille. Qu'il me suffise d'ajouter ici que tout le monde à Salonique n'a qu'une voix pour crier au miracle. »

Nous terminerons notre travail par la lettre suivante de sœur M***, datée du 9 juillet 1857 :

« Dans une ambulance où se trouvaient réunis un grand nombre de Russes, un jeune Polonais, blessé grièvement à la jambe, souffrait des douleurs intolérables. Il invoquait de tout son cœur la sainte, la douce Vierge Marie. A côté de lui était placé un Russe protestant, blessé aussi, et atteint d'une dysenterie violente. Il répandait une odeur si insupportable, que tout le monde s'en plaignait, malades et infirmiers. Il paraissait ne faire aucun cas des actes de religion. La sœur passait et repassait sans qu'il daignât lui parler, ni même la regarder. Le jeune Polonais, au contraire, l'appelait souvent et recevait avec joie et reconnaissance ses soins et ses consolations. Un soir, notre jeune catholique souffrait plus que de coutume ; ses larmes ne tarissaient pas, ses cris se prolongeaient comme sa douleur. Il appelle la sœur, la conjure de venir à son aide, il sent que la patience lui échappe, que le désespoir va s'emparer de lui. Ses souffrances sont horribles, atroces. La sœur polonaise l'encourage, le console, lui dit d'avoir confiance et de poser sur la plaie la médaille miraculeuse qu'elle lui donne. Le jeune malade y consent tout de suite, laisse sa main sur la plaie pour soutenir sa médaille et, dans cette position, s'endort...

« Notre protestant n'avait voulu rien voir, et cependant il avait tout examiné, tout remarqué. Quelques jours après, il appelle auprès de lui la sœur polonaise, qui seule pouvait le comprendre, et lui dit : « Ma sœur, donnez-moi aussi ce que « vous avez donné à ce jeune homme, qui lui a « fait tant de bien ; je souffre tant ! — Mon ami, « je ne demande pas mieux ; mais vous n'avez « pas ce qui guérit, la foi et la confiance. Vous, « protestants, vous niez le pouvoir de la sainte « Vierge, vous ne la reconnaissez point pour « votre reine, pour votre avocate, pour votre

« mère. Que ferais-je donc ? car c'est une mé-
« daille de Marie que j'ai donnée à votre voisin,
« le jeune Polonais, et qui l'a si vite soulagé. —
« Donnez-la-moi aussi, ma sœur; je crois tout
« ce que vous me dites. Vous faites du bien à tout
« le monde, comment pourriez-vous tromper
« quelqu'un ? — Mais, en Marie, en la Mère de
« Dieu, avez-vous confiance? Croyez-vous en
« son pouvoir miséricordieux ? — Je crois tout
« ce que vous croyez, ma sœur, puisque Marie
« exauce les malheureux et guérit ceux qui
« souffrent, elle ne peut nous tromper. »

« La sœur donne donc la médaille à ce pauvre
soldat russe avec une grande consolation. Notre
admirable talisman opéra sur son âme de salu-
taires effets. Il voulut un prêtre pour se faire
instruire, et après quelques jours d'études de la
sainte doctrine de l'Église et de prières assidues
à Marie, il demanda à abjurer ses erreurs.

« Comme on l'avait alors séparé des autres
malades, à cause de l'odeur insupportable qu'il
répandait, il eut toute la liberté d'agir comme il
voulut. Après son baptême et la réception de
l'Eucharistie, ne pouvant retenir ses transports,
il s'écriait : « Oh! que je suis heureux ! Jamais
« joie semblable ne s'est fait sentir en mon cœur.

« Je suis content de mourir et d'avoir été frappé
« sur le champ de bataille. C'est à mes blessures
« que je dois mon salut. Oh! comme on nous
« trompe, nous, malheureux protestants ! Que de
« mensonges on nous débite ! Que Dieu est bon
« de m'avoir sauvé de l'erreur ! Que la sainte et
« douce Vierge Marie soit connue et aimée tou-
« jours... toujours... et partout. » Et il expira. »

Nous nous arrêtons là. Nous aurions encore à raconter beaucoup d'autres prodiges dus à la médaille miraculeuse, mais nous ne voulons pas dépasser les limites que nous nous sommes imposées.

Que ceux de nos lecteurs qui retireront quelque bien de ces consolants et intéressants détails en fassent remonter le mérite et en témoignent leur reconnaissance, non pas à nous, qui ne sommes rien, mais à Celle qui ne néglige aucun moyen pour nous donner des preuves de sa tendresse maternelle.

Espérons que la sainte Vierge aura quelque gloire du récit que nous venons de faire de ses bontés, qu'elle nous aidera à supporter les fatigues de notre passage sur cette terre, et qu'elle nous obtiendra de son Fils de pouvoir la contempler à tout jamais.

CONCLUSION

L'Église a institué « une fête de la manifestation de l'Immaculée Vierge Marie de la Médaille
miraculeuse ».

Elle se célèbre le 27 novembre.

L'office particulier de cette fête a été approuvé
par la Congrégation des Rites.

Elle est du rite double de deuxième classe, dans
la double famille de Saint-Vincent-de-Paul, et du
rite double majeur pour les diocèses et les ordres
religieux qui demanderont à l'adopter.

Annonçons enfin qu'une commission ecclésiastique, désignée par Mgr l'archevêque de Paris,
examine s'il y a lieu de demander l'introduction
de la cause de béatification de sœur Catherine
Labouré.

Et maintenant quel est celui qui, après avoir
vu et lu, osera dire que nous, Français, nous ne
sommes pas le peuple de Dieu de la nouvelle loi?

FIN

TABLE

32867. — Tours, impr. MAME.